例解図説

オートマトンと形式言語入門

岡留 剛 著
Takeshi Okadome

森北出版株式会社

● 本書の補足情報・正誤表を公開する場合があります．当社 Web サイト（下記）で本書を検索し，書籍ページをご確認ください．
https://www.morikita.co.jp/

● 本書の内容に関するご質問は下記のメールアドレスまでお願いします．なお，電話でのご質問には応じかねますので，あらかじめご了承ください．
editor@morikita.co.jp

● 本書により得られた情報の使用から生じるいかなる損害についても，当社および本書の著者は責任を負わないものとします．

JCOPY 〈(一社)出版者著作権管理機構 委託出版物〉
本書の無断複製は，著作権法上での例外を除き禁じられています．複製される場合は，そのつど事前に上記機構（電話 03-5244-5088，FAX 03-5244-5089，e-mail: info@jcopy.or.jp）の許諾を得てください．

はじめに

　オートマトンと形式言語を初めて学ぶ大学2年から3年の学生が独習することを念頭に，概念や定理の意味合いを直感的に把握できるように，また，より専門的な書物や論文を読むために必要な形式的な取扱いにも慣れるように，それらの橋渡しを心がけて本書を執筆した．具体的には，概念の解説としては絵解きを心がけ，定理の「証明」には，一般的な証明を類推できるような例をもって代用するようにした．具体的な例をみると簡単なことでも，その例の一般化である議論を展開すると論理を追うのが困難となり，途中で飽きると感じるような定理の証明がオートマトンと形式言語には多いと思われたからである．証明の方針のみを記載したものも多い．

　ただし，数学的な新たな概念の理解に一般的な証明が役立つと思われるものや，証明のテクニックが広範囲に適用可能なもの，証明そのものに意味があると思われるものについてはきちんとした証明を与えた．最簡オートマトンを求める手順の正当性やプッシュダウンオートマトンと文脈自由言語の等価性，チューリングマシンの停止問題などがそれである．

　オートマトンと形式言語は，情報科学の分野ではすでに十分に確立された古典となっている．単なる古典としての意味合いだけでなく，現在，たとえば Web 上の文書解析の基礎技術として当たり前に利用されており，今後も利用され続けていくであろう．オートマトンと形式言語を学ぼうとする方に本書が少しでもお役に立つことを願っている．

　本書の執筆に際しては，巻末に掲載した書籍や，一つひとつ挙げることは控えさせていただくが多くの web サイトを参考にさせていただいた．関西学院大学 理工学部 情報科学科/人間システム工学科 学科秘書の堀口恵子さんと，副教育技術師の土村展之さんには tex 化でお世話になり，同学科 岡留研究室の金川絵利子さんには本文を丁寧に読んでいただき，誤字・脱字のみならず，いくつもの内容の間違いを指摘していただいた．また，出版にあたって森北出版出版部の藤原祐介氏にはたいへんお世話になった．あわせてお礼申し上げる．

　最後に私事を述べることをお許しいただきたい．正規表現と有限状態オートマトンが受理する言語の等価性を主張する McNaugton - Yamada の定理や，計算量の定義にチューリングマシンのステップ数を用いることを提唱されたことで有名な山田尚男先生の講義を大学2年の初秋に受けた．筆者にとって，これが情報科学専門課程の最初の講義であった．山田先生は，黒板の左上のほうに「U：universe」と書くことでその講義を始められた．「universe」が「全体集合」の意だとはまったく知らず，なんで宇宙が関係するのかと，いきなり専門課程の高い壁を感じたのはもういまから 35 年ほども前のことである．

2015 年 6 月

岡留　剛

目次

第1章 オートマトンと形式言語ことはじめ ……… 1
- 1.1 オートマトンと形式言語を学ぶ意義　1
- 1.2 オートマトンと形式言語とは　1
- 1.3 オートマトン　2
  - 1.3.1 状態機械　2
  - 1.3.2 形式言語　6
- 1.4 数学的準備　7
- 1.5 写像　11
- 1.6 数学的帰納法と背理法　13
- 1.7 形式言語理論の用語　14

第2章 有限状態オートマトン ……… 19
- 2.1 決定性有限状態オートマトンと受理言語　19
  - 2.1.1 決定性有限状態オートマトン　19
  - 2.1.2 決定性有限状態オートマトンの受理言語　22
- 2.2 非決定性有限状態オートマトンと受理言語　27
  - 2.2.1 非決定性有限状態オートマトン　27
  - 2.2.2 非決定性有限状態オートマトンの受理言語　30
  - 2.2.3 DFA と NFA の言語受理能力　32
- 2.3 空動作のある非決定性有限状態オートマトン　37
- 2.4 正規表現　41
- 2.5 状態数最小のオートマトン　47
  - 2.5.1 状態数最小の決定性有限状態オートマトン　47
  - 2.5.2 状態数最小の DFA のつくり方：方針　48
  - 2.5.3 関係・同値関係・同値類　52
  - 2.5.4 Σ^* 上の同値関係　56
  - 2.5.5 Minimum DFA の正当性　59
- 2.6 ポンプの補題　61

第3章 文　法 …… 64

- 3.1 文法と言語　64
  - 3.1.1 形式文法　65
  - 3.1.2 語（文）の導出と言語　66
- 3.2 正規文法と正規言語　69

第4章 プッシュダウンオートマトンと文脈自由文法 …… 75

- 4.1 プッシュダウンオートマトン　76
- 4.2 決定性プッシュダウンオートマトンと受理言語　77
  - 4.2.1 決定性プッシュダウンオートマトン　77
  - 4.2.2 決定性プッシュダウンオートマトンの動作と受理言語　79
- 4.3 非決定性プッシュダウンオートマトンと受理言語　82
- 4.4 文脈自由文法　85
- 4.5 文脈自由文法の簡素化と標準形　87
  - 4.5.1 文法の簡素化　87
  - 4.5.2 文脈自由文法の標準形　89
- 4.6 構文解析　94
  - 4.6.1 下降型構文解析（トップダウン型構文解析）　95
  - 4.6.2 上昇型構文解析（ボトムアップ型構文解析）　96
  - 4.6.3 文法のあいまいさ　98
- 4.7 文脈自由文法とプッシュダウンオートマトン　100
  - 4.7.1 プッシュダウンオートマトンの受理言語3種　100
  - 4.7.2 非決定性プッシュダウンオートマトンと文脈自由言語の等価性　102
- 4.8 文脈自由言語に対するポンプの補題　111
- 付記　112

第5章 チューリングマシン …… 119

- 5.1 チューリングマシン　119
- 5.2 線形拘束オートマトン　128
- 付記　128

第6章 チョムスキーの階層 …… 130

- 6.1 文脈依存文法と文脈依存言語　130
- 6.2 句構造文法と句構造言語　131
- 6.3 チョムスキーの階層　131
- 6.4 言語クラスの閉包性　136

第 7 章 チューリングマシンの停止問題 ……… 138

- 7.1 無限を数える　138
  - 7.1.1 無限の「数え方」：1 対 1 対応　138
  - 7.1.2 カントールの対角線論法　139
- 7.2 チューリングマシンの停止問題　140
- 付記　146

参考文献 ……… 148

演習問題解答例 ……… 149

索　引 ……… 162

記号一覧

記号	ページ	記号	ページ
$\in$	p.7	Σ^+	p.15
$\notin$	p.7	ε	p.15
ϕ	p.7	$|w|$	p.15
$\{\ \}$	p.7	a	p.41
$\subseteq$	p.8	ε	p.41
$\cup$	p.8	ϕ	p.41
$\cap$	p.8	$\alpha + \beta$	p.42
$(\ )$	p.10	$\alpha\beta$	p.42
$\times$	p.10	α^*	p.42
$\langle\ \rangle$	p.10	$L_\alpha \cup L_\beta$	p.42
2^A	p.11	$L_\alpha L_\beta$	p.42
$f: A \to B$	p.11	L_α^*	p.42
$f: a \mapsto b$	p.11	$[qAq']$	p.108
Σ^*	p.15		

第1章 オートマトンと形式言語ことはじめ

⬤ 1.1 オートマトンと形式言語を学ぶ意義

オートマトンと形式言語は，十分に確立された体系をもつという意味で，情報科学の分野における不動の古典である．しかも，Webマイニングやコンパイラ・文書解析など，当たり前に用いられる技術の宝庫であり，かつそれらの技術の理論的基礎を与える．また，オートマトンと形式言語は，たとえば人間と言語でコミュニケーションをとるロボットの構築技術の基礎を提供する．さらに，たとえば，生命科学におけるタンパク質の構造や遺伝子の構造の記述・推定などにも用いられている．

⬤ 1.2 オートマトンと形式言語とは

オートマトン（単：automaton，複：automata）は，計算をしたり，ある文がある言語に属するか否かを判断したり，文を生成したりする抽象的機械である．そもそもは，計算とは何かを定義づける議論において登場した．一方，**文法**（grammar）は，特定の言語（図 1.1 参照）に属する文（記号列）と，属さない文とを判別する**規則**の集まりである．もともとは，英語や日本語といった自然言語を数学的に分析する文脈においてこちらは登場した．

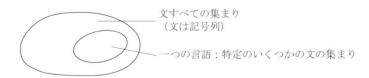

図 1.1 文の集まりと言語

1.3 オートマトン

1.3.1 状態機械

「計算」を行うとみなせる機械（机上のモノも含む）はすべてオートマトンである．与えられた**記号列**がある**言語**に属するか否かを判定する機械も，『その判別を行う「計算」を実行する』とみなせるので，そのような機械もオートマトンである．また，ある言語に属する記号列（文）を生成する機械も，『その生成をするための「計算」を行う』とみなせるのでオートマトンである．

もう一歩踏み込むと，オートマトンは状態機械（state machine）ととらえることができる．**状態機械**とは，以下の性質をもつ具体的あるいは抽象的な機械である．

- 内部に状態をもっており，入力に応じて状態を変える．
- 入力と状態に応じて出力をするかもしれない．

オートマトンといえば，このようなものを指す．

> **例 1.1　状態機械 1**
>
> - 50 円硬貨のみを受け付ける自動販売機
> - 150 円そろうとカードを出力するもの
>
> を考える．この機械の内部状態としては，これまでいくら入力されたとか，カードを何枚出したかとかは無視して，現時点で 1 枚のカードを出力することに着目して，「50 円玉を内部に 1 枚ももっていない状態」，「1 枚だけもっている状態」，「2 枚もっている状態」の 3 状態を考えることができる．50 円玉を 3 枚入れたらカードが出て「1 枚ももっていない状態」にもどると考えるのである．
>
> つまり，この機械は
>
> - 150 円そろうまでは出力できないので，内部に入っている金額を覚えている．すなわち，内部の金額を状態（state）と考える．
> - 50 円を入れた状態と，200 円入れてカードを 1 枚出力した状態は同じである．
>
> とみなされる．各内部状態を円で表し，50 円玉が 1 枚入ってほかの状態に移ることを矢印で表したものが図 1.2 である．このような図を**状態遷移図**という．
>
>
>
> 図 1.2　50 円硬貨 3 枚でカードが 1 枚出る状態機械の状態遷移図

例 1.2 状態機械 2

- 50 円硬貨のみを受け付ける自動販売機
- 返却ボタン付きで，ボタンを押すと内部のお金を全部出力する
- 150 円そろうとカードを出力する

この状態機械の状態遷移図を図 1.3 に示す．

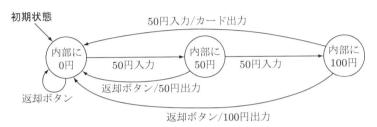

図 1.3 50 円硬貨 3 枚でカードが 1 枚出る，返却ボタン付き状態機械の状態遷移図

さて，以下では例 1.2 の状態機械を例に，形式的に記述していく．

- 50 円硬貨の入力を a，返却ボタンの入力を b で表す．
- 出力も，カードを x，50 円を y，100 円を z とする．ϕ は「なし」を表す．
- 状態に通し番号付きで q_0, q_1, q_2 と記号をつける．
- 状態 q から状態 q' に向かう矢印をつける．ただし，ここでは q と q' は，q_0, q_1, q_2 のいずれかである．さらに，q から q' へ向かう矢印のそばに入力/出力を記す．
- 初期状態に矢印「→」をつける．

このようにしてできた状態遷移図が図 1.4 である．状態 q_0 から q_1 へ向かう a/ϕ と記された矢印は，「q_0 の状態にあるときに，入力 a が来たら何も出力せずに状態 q_1 になる」ことを意味する．この状態機械は出力も行うので，出力付きオートマトンとよばれる．

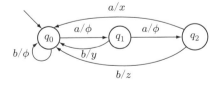

図 1.4 図 1.3 を形式的に表した状態遷移図

● 例題 1.1　状態機械 1

100 円硬貨のみを受け付ける，300 円の栄養ドリンクの自動販売機の状態遷移図を描け．

○ 解答例

図 1.5 のとおり．

- 入力を列挙し，$a, b, \ldots$ の記号をつける．入力：$a = 100$ 円
- 出力を列挙し，$x, y, \ldots$ の記号をつける．出力：$x =$ 栄養ドリンク，$\phi =$ 空出力
- 状態を列挙し，$q_0, q_1, \ldots$ の記号をつける．状態：q_0, q_1, q_2
- 状態を結線する．

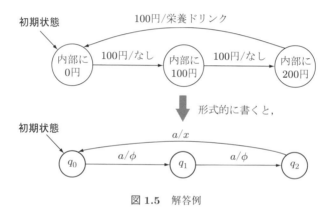

図 1.5　解答例

出力付きオートマトンに対して，出力なしのオートマトンも考えることができる．それは，状態 q から q' への矢印に対して入力記号だけを付したものになる．この本の主題の一つである形式言語を考える場合は出力を考えないことが多く，ある特別の状態にたどり着くことのみを目的にする．その特別な状態のことを**受理状態**（accepting state）という．受理状態にたどりつくような記号列の全部の集まりを，オートマトンが**受理する言語**（accepting language），あるいはオートマトンの**受理言語**という．

図 1.6 の状態遷移図をもつオートマトンは，出力なしオートマトンの一つの例である．入力記号は a と b の二つで，q_2 が受理状態である．たとえば，記号列 $aabba$ は，初期状態 q_0 から始めて左から順に 1 文字ずつ読んでは，いまの状態といま読んだ文字が記された矢印に従って状態を変え，すべての文字を読み終えたときに受理状態にたどり着くので，$aabba$ はこのオートマトンの受理言語に含まれる．

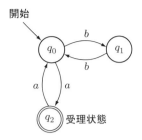

図 1.6　受理状態が存在する状態遷移図の例

より詳しく述べれば，初めに状態 q_0 において記号列 $aabba$ の一番左端の a を読むと，q_0 から出ている矢印のうち，a と書かれている矢印の先にある状態 q_2 に移る．状態 q_2 で左から 2 番目の a を読んで，q_2 から出ている矢印のうち，a と書かれている矢印の先にある状態 q_0 に移る．同様に，q_0 でつぎの b を読んで b が記された矢印に従って q_1 へ行き，さらにつぎの b で q_0 へ，最後の a で状態 q_2 に移る．

記号列をすべて読み終えたときに受理状態にいるので，このオートマトンは $aabba$ を受理する．しかし，たとえば $bbaa$ は，q_0 から始めて最後にたどり着く状態が受理状態ではない状態 q_0 なので，受理言語には含まれない．

● 例題 1.2　状態機械 2

入力を 0 と 1 の二つの記号とする．つぎの受理言語をもつオートマトンの状態遷移図を描け．
(1) すべての記号列からなる言語
(2) 文の最後が二つ以上の 1 で終わる記号列からなる言語

○ 解答例

(1) 0 と 1 からなるすべての記号列の集まりは { 0, 1, 00, 01, 10, 11, 000, 001, 010, 011, ... } である．図 1.7 の状態遷移図をもつオートマトンを考えれば，上の集合のどの要素に対しても受理状態で終わる．

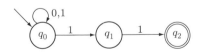

図 1.7　解答例．0, 1 の二つの記号の入力から，すべての記号列からなる言語を受理するオートマトンの状態遷移図

図 1.8　解答例．0, 1 の二つの記号入力から，最後が二つ以上の 1 で終わる記号列からなる言語を受理するオートマトンの状態遷移図

(2) 問いの言語は { 11, 011, 111, 0011, 0111, 1011, 1111, 0011, ... } である．図 1.8 の状態遷移図をもつオートマトンは，それらの要素を過不足なくすべて受理する．

1.3.2● 形式言語

オートマトンに続いて，**形式言語**について説明しよう．そのために，まず**形式文法**の概念について述べる．形式文法とは，特定の言語に属する文と属さない文とを区別する規則の集合のことである．ここで規則とは，たとえば

- 文は，主部と述部からなる．
- 主部は，名詞句と格助詞からなる．
- 述部は，副詞句と述語からなる．
  ⋮

といったものである．

自然言語（英語，日本語，中国語など）の文法や計算機言語（Java，C++，Python，XML など）の文法，さらには DNA 系列やタンパク質の構造そのものの文法なども，このような規則の集合とみなせる．

形式言語の分野では，（形式）言語に先立ってまず形式文法が定められ，それに基づいて（形式）言語が定義される．すなわち，定義された特定の文法を用いて定義される（形式）言語（formal language）とは，もととなる有限個の記号から，文法の規則に従ってつくられる**記号列**の全体の集合のことである（図 1.9）．逆に，ある与えられた記号列がその言語に属するか否かの判断にも言語の文法は用いられる．

以下本書では，処理能力に差があるいくつかの代表的なオートマトンについてみていく．それらは，有限状態オートマトンとプッシュダウンオートマトン，線形拘束オートマトン，チューリングマシンである．

また，形式文法についてもいくつかの有名なものについて詳述する．それらは，正規文法と文脈自由文法，文脈依存文法，句構造文法である．

この 4 種類のオートマトンと 4 種類の文法との間には，受理する言語あるいは生成する言語を介在させると，見事な対応関係がある（図 1.10）．

図 1.9　記号列の集合と（形式）言語

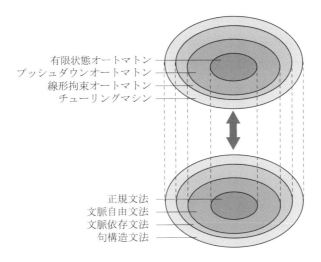

図 1.10 各種オートマトンと各種文法の対応関係

これらのオートマトンや形式文法，さらにはそれらの間の階層構造とそれらの対応関係を詳述するために必要な数学を以降で簡単にまとめよう．

1.4 数学的準備

●集合

集合は区別できるモノの集まりである．集合の中身である区別できるモノを，その集合の**要素**という．a が集合 A の要素であることを，$a \in A$ と書く．また，b が A の要素でないことを，$b \notin A$ と書く（図 1.11）．空の集合，つまり要素が一つもない集合も認め，それを**空集合**といい，ϕ で表す．

集合 $\{1, 2\}$ のように，要素数が少ない集合は要素をすべて書き並べて，波カッコ $\{\ \}$ ではさんで表現する．しかし，無限の要素をもつ集合は，たとえば，$\mathbb{N}$ を自然数の集合として，

- $\{\, x \in \mathbb{N} \mid$ ある $n \in \mathbb{N}$ が存在して，$x = 10n \,\}$
- $\{\, x \in \mathbb{N} \mid$ ある $n, m \in \mathbb{N}$ が存在して，$x = 2n$ かつ $x = 3m \,\}$

など，要素が満たす条件を明記することによって表現される．最初に $x \in \mathbb{N}$ と記されており，これは集合の要素は自然数であることを示す．縦棒 | の後にはその要素に対する条件が記してあり，前者だと，ある自然数 n を用いて $10n$ と書けるものは 10 の倍数なので，要素は 10 の倍数であることを示している．後者は，2 の倍数でかつ 3 の

倍数という条件なので，6の倍数の集合を表す．

集合 A と B とが等しい，すなわち $A = B$ が成り立つのは，A の要素と B の要素が完全に一致しているときである．集合 A, B について，任意の $x \in A$ が $x \in B$ でもあるとき $A \subseteq B$ と書き，A は B の**部分集合**という（図 1.12）．

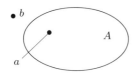
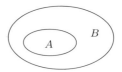

図 1.11　集合と集合要素　　図 1.12　$A \subseteq B$．A は B の部分集合

例 1.3　部分集合

2 の倍数の集合は，自然数の集合の部分集合である．

集合 A と B との要素をすべて合わせた集合を A と B の**合併集合**あるいは**和集合・結び**といい，$A \cup B$ と書く（図 1.13）．すなわち

$$A \cup B = \{x \mid x \in A \text{ または } x \in B\}$$

である．集合 A と B との共通要素すべての集合を**共通集合**あるいは**積集合・交わり**といい，$A \cap B$ と書く（図 1.14）．すなわち

$$A \cap B = \{x \mid x \in A \text{ かつ } x \in B\}$$

である．

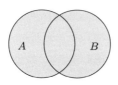
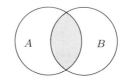

図 1.13　A と B の合併集合 $A \cup B$　　図 1.14　A と B の共通集合 $A \cap B$

いま，$A_1, A_2, \ldots, A_n$ の n 個の集合があるとする．このとき，この n 個の集合の結びは $A_1 \cup A_2 \cup \cdots \cup A_n$ である．これは

$$\bigcup_{i \in \{1,\ldots,n\}} A_i \quad \text{あるいは} \quad \bigcup_{i=1}^{n} A_i$$

とも書く．同様に，これらの交わりも

$$\bigcap_{i \in \{1,\ldots,n\}} A_i \quad \text{あるいは} \quad \bigcap_{i=1}^{n} A_i$$

と書く．これらの表記をより一般化した例を以下に挙げよう．

例 1.4 合併集合

次節で説明する写像を用いると，以下のような集合の結びを考えることができる．Q を $Q = \{q_0, q_1, q_2, q_3, q_4\}$ なる要素が 5 個の集合とする．また，Q' を $Q' = \{q_0, q_1, q_2\}$ なる Q の部分集合とする．加えて，δ は Q' から Q の部分集合の集合への写像で，$\delta(q_0) = \phi,\ \delta(q_1) = \{q_1, q_3\},\ \delta(q_2) = \{q_2\}$ とする．このとき，

$$\bigcup_{q \in Q'} \delta(q) = \delta(q_0) \cup \delta(q_1) \cup \delta(q_2) = \phi \cup \{q_1, q_3\} \cup \{q_2\} = \{q_1, q_2, q_3\}$$

となる．この例は，写像や部分集合の集合という概念が出てくるので少々わかりづらいかもしれない．しかし，後で必要となるので，再び同じ例を挙げて説明する．

集合 A の要素であり，かつ集合 B の要素ではない要素の集合を A と B の**差集合** (set difference) といい，$A - B$ と書く（図 1.15）．すなわち，

$$A - B = \{x \mid x \in A \text{ かつ } x \notin B\}$$

である．

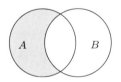

図 **1.15** A と B の差集合 $A - B$

集合についてのつぎの注意は重要である．

- 集合は要素を並べる順番に依存しない．すなわち，$\{1, 2\}$ と $\{2, 1\}$ は同じ集合である．
  例：$\{1, 2\} = \{2, 1\}$
- 「重複する」要素は許さない．
  例：$\{3, 3\} = \{3\}$

では，要素の順番や重複する要素をもつような集まりを表現するにはどうするのか．そのために，以下の順序対（pair）を導入する．a と b の**順序対** (a, b) を $\{\{a\}, \{a, b\}\}$

と定義する．

- $(a, b) \equiv \{\{a\}, \{a, b\}\}$
  ここで，$\equiv$ は左辺が右辺で定義されることを意味する．(a, b) は，要素の集合であるような集合であることに注意．

このようにすると，a と b との間に順番が定義されて，

- $(a, b) \neq (b, a)$
  なぜなら，$(a, b) = \{\{a\}, \{a, b\}\}$
  $(b, a) = \{\{b\}, \{a, b\}\}$

であり，集合として見ればそれらはたがいに異なる．

同様に，3つ組，4つ組，5つ組，... を定義できる．

- 3つ組 $(a, b, c) \equiv ((a, b), c)$
- 4つ組 $(a, b, c, d) \equiv (((a, b), c), d)$
- 5つ組 $(a, b, c, d, e) \equiv ((((a, b), c), d), e)$

以下同様に，6, 7, 8, ... つ組も定義される．

(a, b) は $\langle a, b \rangle$，(a, b, c) は $\langle a, b, c \rangle$ などとも書かれる．

集合 A と B との **直積集合**（product）は，$A \times B = \{(x, y) \mid x \in A \text{ かつ } y \in B\}$ である（図1.16）．すなわち，A と B の直積集合は，A の要素一つと B の要素一つの順序対を全部含む集合である．

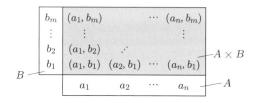

図 **1.16** A と B の直積集合 $A \times B$

例 1.5　直積集合

$A = \{0, 1\}$，$B = \{2, 3\}$ のとき，$A \times B$ は，A の要素と B の要素を一つずつ取って対にすればよい．

$$A \times B = \{(0, 2), (0, 3), (1, 2), (1, 3)\}$$

$A_1, \ldots, A_n$ を集合とするとき，これらの直積も同様に定義される．

$$A_1 \times A_2 \times \cdots \times A_n \equiv \{(a_1, a_2, \ldots, a_n) \mid a_1 \in A_1, a_2 \in A_2, \ldots, a_n \in A_n\}$$

集合 A の**べき集合**（power set）2^A は，A のすべての部分集合の集まりである．

$$2^A = \{S \mid S \subseteq A\}$$

例 1.6　べき集合

$A = \{1, 2, 3\}$ のとき，2^A は，空集合 ϕ も含めて，A の部分集合を集めればよい．

$$2^A = \{\phi, \{1\}, \{2\}, \{3\}, \{1,2\}, \{1,3\}, \{2,3\}, \{1,2,3\}\}$$

● 例題 1.3　集合

(1) 集合 $\{1,2\}$ と集合 $\{a,b\}$ の直積集合を求めよ．
(2) 集合 $\{a,b\}$ に対して，そのべき集合 $2^{\{a,b\}}$ を求めよ．

○ 解答例

(1) 集合 $\{1,2\}$ と $\{a,b\}$ の直積集合の要素は，$\{1,2\}$ の要素である 1 あるいは 2 と，$\{a,b\}$ の要素である a あるいは b の順序対であるので，$\{(1,a), (1,b), (2,a), (2,b)\}$．

(2) 集合 $\{a,b\}$ のべき集合は，$\{a,b\}$ の部分集合すべてからなる集合であるから，$\{\phi, \{a\}, \{b\}, \{a,b\}\}$．

1.5　写像

写像は二つの集合の間の対応を与える．すなわち，集合 A から B への**写像** f は，A の任意の要素 a に対して，B のただ一つの要素 b を対応させるものである（図 1.17）．集合 A から B への写像 f を

$$f : A \to B$$

と書く．写像 f によって $a \in A$ が $b \in B$ に対応づけられるとき，

$$b = f(a) \quad \text{あるいは} \quad f : a \mapsto b$$

と書く．写像 $f : A \to B$ は，**任意の** $a \in A$ をある $b \in B$ に対応させることを意味する（図 1.18）．A を f の**定義域**，B を f の**値域**という．

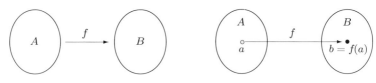

図 1.17 集合 A から B への写像

図 1.18 要素 $a \in A$ に対し，f は $b = f(a)$ を対応させる

注意：写像 $f : A \to B$ について，すべての $a \in A$ に対して，$b = f(a)$ となるただ一つの $b \in B$ が必ず存在しなければならない．

例 1.7 写像

$\mathbb{N}$ を自然数の集合，$B = \{0, 1, 2\}$ としたとき，任意の自然数 $n \in N$ に対して，n を 2 で割ったときの余りを対応させる $\mathbb{N}$ から B への f_1 は写像である．しかし，n を 2 で割った余りと，さらにその余りの符号を変えたもの両方を対応させる f_2 は写像ではない．なぜなら，たとえば 3 に対して，f_2 は -1 と 1 の二つを対応させるからである．

例 1.8 合併集合（再掲）

写像とべき集合を導入したので，前節で挙げた例をいま一度ここで挙げておく．Q を $Q = \{q_0, q_1, q_2, q_3, q_4\}$ なる要素が 5 個の集合とする．また，Q' を $Q' = \{q_0, q_1, q_2\}$ なる Q の部分集合とする．δ は Q' から 2^Q への写像で，$\delta(q_0) = \phi$, $\delta(q_1) = \{q_1, q_3\}$, $\delta(q_2) = \{q_2\}$ とする．このとき，

$$\bigcup_{q \in Q'} \delta(q) = \delta(q_0) \cup \delta(q_1) \cup \delta(q_2) = \phi \cup \{q_1, q_3\} \cup \{q_2\} = \{q_1, q_2, q_3\}$$

となる．

写像 $f : A \to B$ が **全射** であるとは，すべての $b \in B$ に対して，ある $a \in A$ が存在して，$b = f(a)$ となるときである（図 1.19）．例 1.7 の f_1 は全射でない．なぜなら，$\mathbb{N}$ のどの要素からも 2 への対応がないからである．値域として $B' = \{0, 1\}$ とすれば，f_1 は全射となる．

写像 $f : A \to B$ が **単射** であるとは，$a_1 \in A$, $a_2 \in A$ において，a_1 と a_2 が異なるなら $f(a_1) \neq f(a_2)$ が成り立つときである（図 1.20）．例 1.7 の f_1 は単射でない．なぜなら，たとえば，$f_1(1) = 1 = f_1(3)$ となるからである．単射のもっとも簡単な例は恒等写像 $I : A \to A$，すなわち，任意の $a \in A$ に対して a 自身を対応させる $I : a \mapsto a$

であろう．

　全射かつ単射である写像を**全単射**という（図 1.21）．恒等写像は全単射である．任意の自然数 n に対して $n+1$ を対応させる写像も，$\mathbb{N}$ から $\mathbb{N}-\{1\}$ への全単射である．

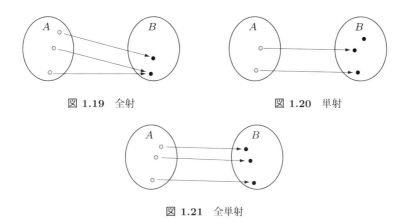

図 1.19　全射　　　　　　　図 1.20　単射

図 1.21　全単射

● **例題 1.4　写像**
(1) 任意の正の実数 x にその平方根を対応させる関係は写像か．
(2) 集合 $\{a,b\}$ からべき集合 $2^{\{a,b\}}$ への写像で全射は存在するか．
(3) 集合 $\{a,b\}$ からべき集合 $2^{\{a,b\}}$ への写像で単射の例をつくれ．

○ **解答例**
(1) $+\sqrt{x}$ と $-\sqrt{x}$ との二つが対応するので写像ではない．
(2) 集合 $\{a,b\}$ の要素数は 2 で，$2^{\{a,b\}}$ の要素数は 4 だから，$\{a,b\}$ から $2^{\{a,b\}}$ への全射はない．
(3) たとえば，$f: a \mapsto \{a\}, \ f: b \mapsto \{b\}$．

 ## 1.6　数学的帰納法と背理法

　本書で述べるオートマトンや形式言語など，自然数と対応づけられる離散的な数学構造をもつ対象に関する性質を主張する場合，その厳密な証明には数学的帰納法が常套手段として用いられる．数学的帰納法は，数学における一つのいわゆる公理であり，それ自体は正しいものとして認め，それがなぜ正しいのかは問わない．これを認めなければ，数学における多くの定理が証明できなくなる．ここでは，簡単な例を挙げて，数学的帰納法を復習しよう．

例 1.9 数学的帰納法

以下の公式を帰納法で証明する．n を任意の自然数として，
$$1 + 2 + \cdots + n = \frac{n(n+1)}{2}$$
[証明] $n=1$ のとき（これを帰納法における基底という），左辺は 1 である．右辺に $n=1$ を代入して計算すると，$1 \times (1+1)/2 = 2/2 = 1$ となり，左辺と右辺が等しいことが示され，この場合には公式が成立することがわかる．

つぎに，$n=k$（ただし，k は 1 より大きい自然数）でこの公式が成り立つと仮定する．その仮定のもとで，$n=k+1$ の場合を吟味する．左辺は，$1+\cdots+k+(k+1)$ である．帰納法の仮定より，$1+\cdots+k = k(k+1)/2$ なので，
$$1 + \cdots + k + (k+1) = \frac{k(k+1)}{2} + (k+1) = \frac{(k+1)(k+2)}{2}$$
となり，$n=k+1$ でも公式が成り立つことが確かめられた．したがって，任意の自然数 n において公式が成り立つ．これで証明は終わる．

つぎに背理法について述べよう．背理法では，主張したいことの否定を仮定して矛盾を導く．背理法も，数学において重要な証明技術の一つであり，公理と思って問題ない．やはり例で復習しよう．

例 1.10 背理法

よく挙げられる例だが，分母と分子がそれぞれ自然数で表される分数では $\sqrt{2}$ は表現できないことを示す．
[証明] $\sqrt{2} = q/p$（ただし，p と q は自然数でたがいに素）と表されると仮定する．すると $2 = q^2/p^2$ となり $2p^2 = q^2$ が得られ，q^2 は偶数となる．奇数の 2 乗は奇数なので，q は偶数となる．すなわち $q = 2m$（m はある自然数）と書くことができ，これより $2p^2 = 4m^2$，すなわち $p^2 = 2m^2$．よって p も偶数となり，p と q がたがいに素という仮定に反する．ゆえに，最初の仮定が誤っていたと結論される．

1.7 形式言語理論の用語

本章の最後に，形式言語に関する用語を本節でまとめておこう．次章以降の記述の理解のためには，本節で述べる記法に慣れておくことが肝要である．

アルファベット（alphabet）とは，ある有限集合を指す．

例 1.11 アルファベット
$\Sigma_1 = \{0, 1\}$, $\Sigma_2 = \{a, b\}$, $\Sigma_3 = \{$ あ, い, う $\}$.

アルファベットの要素を**記号**（symbol）という．

例 1.12 記号
$\Sigma_1 = \{0, 1\}$ では，0 と 1 が記号である．また，$\Sigma_2 = \{a, b\}$ では a と b が記号で，$\Sigma_3 = \{$ あ, い, う $\}$ では「あ」，「い」，「う」が記号である．

記号の有限列を**語**（word）という[†]．アルファベット Σ 中の要素を有限個並べたものが Σ 上の語である．すなわち，Σ 上の語は Σ の要素である記号を有限個並べた**記号列**である．

例 1.13 語
$\Sigma_1 = \{0, 1\}$ では，$0, 1, 00, 10, 111, \ldots$ のそれぞれが Σ_1 上の語である．$\Sigma_2 = \{a, b\}$ では，$a, b, aa, ab, bb, aaa, \ldots$ が Σ_2 上の語である．$\Sigma_3 = \{$ あ, い, う $\}$ では，「あ」，「い」，「う」，「ああ」，「あい」，$\ldots$ のそれぞれが Σ_3 上の語である．

記号を一つも含まない語を**空語**（empty word, null word）という．空語は ε と表す．また，アルファベット Σ の**語すべての集合**を Σ^* と書き，Σ の**閉包**（Kleene closure）という．さらに，Σ^* から ε を除いた語の集合を Σ^+ と書き，Σ の**正の閉包**という．

例 1.14 Σ の閉包
$\Sigma_1 = \{0, 1\}$ とすると，$\Sigma_1^* = \{\varepsilon, 0, 1, 00, 01, 10, 11, 000, 001, 010, 011, \ldots\}$，$\Sigma_1^+ = \{0, 1, 00, 01, 10, 11, 000, 001, 010, 011, \ldots\}$ である．

Σ^* の（任意の）部分集合 $L \subseteq \Sigma^*$ を，Σ 上の**言語**（language over Σ）という．

例 1.15 言語
$\Sigma_1 = \{0, 1\}$ では，たとえば $L_0 = \{0, 00, 000, \ldots\}$ や $L_1 = \{01, 0011, 000111, \ldots\}$ などが Σ_1 上の言語である．

語 $w \in \Sigma^*$ に現れる記号の延べ数を $|w|$ と書き，w の**長さ**（length）という．

[†] 形式言語における語は，日本語の文に相当する．また，形式言語における記号は単語に相当する．

例 1.16 語の長さ

$|000| = 3$, $|1010| = 4$. ε の長さ，すなわち $|\varepsilon|$ は 0 である．

アルファベット Σ の要素を適当に有限個並べたものが語で，さらにそのような語を適当に集めたものが言語である．このようなものが，どうして語や言語なのかと納得しづらいかもしれない．日常で語（単語）といえば決まったアルファベットの並びをもったものに限られ，言語といえば何がしかの規則に基づいた文からなると思えるので，それも当然である．しかし，形式言語は言語の数学側面を記述するもので，数学では扱う概念の一般化がよく行われるように，形式言語でもより広く言語を定義しておき，そのうえで，何らかの制限を加えられた言語の特徴を論じるのである．

さらなる例をあげよう．アルファベット $\Sigma = \{a, b\}$ とする．このとき，

- a, b は記号で，aaa や aab あるいは $abab$ は語である．
- $\Sigma^* = \{\varepsilon, a, b, aa, ab, ba, bb, aaa, aab, aba, abb, baa, bab, \ldots\}$.
- Σ 上の言語としては，$L_1 = \{a\}$, $L_2 = \{ab\}$, $L_3 = \{ab, abb, ababa\}$, $L_4 = \{\varepsilon, a, b\}, \ldots$ など．

アルファベット $\Sigma = \{a, b, c, d\}$ とする．このとき，

- a, b, c, d は記号である．
- $ab, aabbb, abbcccddbba$ などは Σ 上の語である．
- a, b, c をこの順に同じ個数含む語すべての集合 $L = \{\varepsilon, abc, aabbcc, aaabbbccc, \ldots\}$ は Σ 上の言語である．
- 語 $aabbccd \in \Sigma^*$ の長さは $|aabbccd| = 7$.

さらに，語の連接と接頭語，接尾語の定義を与えよう．語 u と v とをこの順でくっつけて w ができるとき，$w = u \cdot v$ または $w = uv$ と書く．w を，u と v の**連接**また**連結**（concatenation）という．語 w について，$w = uv$ となるとき，v を w の**接尾語**（suffix word），u を w の**接頭語**（prefix word）という．語 w について，$w = uvx$ となる v を w の**部分語**（subword）という．

● 例題 1.5 連接

(1) $u = aa$, $v = b$ のとき，u と v の連接を示せ．
(2) $u = ab$, $v = \varepsilon$ のとき，u と v の連接を示せ．
(3) $u = 000$, $v = 111$ のとき，$u \cdot v \cdot u$ を示せ．

○ 解答例
(1) aab
(2) ab
(3) 000111000

Exercise 1.1　連接
(1) $u = aaa$, $v = bbb$ のとき，u と v の連接を示せ．
(2) $u = abab$, $v = \varepsilon$ のとき，u と v の連接を示せ．
(3) $u = a$, $v = abab$ のとき，$u \cdot v$ を示せ．
(4) $u = 0$, $v = 11$ のとき，$u \cdot v \cdot v \cdot u$ を示せ．

　少々くどいが，$a \in \Sigma$ なら a は記号一つであり，$w \in \Sigma^*$ なら w は記号列（語）である．また，空語 ε はアルファベット Σ の要素ではなく，Σ^* の要素である．つまり，ε は記号ではなく，長さ 0 の記号列である．

　なお，i を 0 以上の整数としたとき，$a \in \Sigma$ に対し，a^i は a を i 個並べた語である．たとえば，$a^3 = aaa$ である．とくに $a^0 = \varepsilon$ と定義する．この表記を用いると，言語 $L_1 = \{a^i b^i \mid i = 1, 2, \ldots\}$ は，要素である語を列記する表記では $\{ab, aabb, aaabbb, \ldots\}$ となり，a と b の個数が同数の記号列のうち，a の列が b の列の前にくる語すべてからなる言語である．また，$L_0 = \{a^i b^i \mid i = 0, 1, 2, \ldots\}$ は，i が 0 から始まっているので，$\{\varepsilon, ab, aabb, \ldots\}$ と L_1 に ε を加えたものになる．

　似た言語に $\{a^i b^j \mid i, j = 1, 2, \ldots\}$ がある．この表記では i と j が独立に値をとるので，要素を列記する表記では $\{ab, aab, abb, aabb, aaab, abbb, \ldots\}$ であり，$\{a^i b^i \mid i = 1, 2, \ldots\}$ とは異なる言語である．

● **例題 1.6　言語 1**
(1) アルファベット $\Sigma = \{a, b\}$ とする．このとき，
　(i) aab は Σ 上の語か．
　(ii) aac は Σ 上の語か．
　(iii) $L = \{ab, abb, abcba\}$ は，Σ 上の言語か．
(2) アルファベット $\Sigma = \{a, b, c, d\}$ とする．このとき，
　(i) aac は Σ 上の語か．
　(ii) $L = \{ab, abb, abcba\}$ は Σ 上の言語か．

○ 解答例
(1) (i) はい (ii) いいえ (iii) いいえ
(2) (i) はい (ii) はい

● 例題 1.7 言語 2
アルファベット $\Sigma = \{a, b\}$ とする．このとき，
(1) Σ^* を求めよ．
(2) 長さ 2 の語だけを含み，かつ長さ 2 の語をすべて含む言語を書け．

○ 解答例
(1) $\{\varepsilon, a, b, aa, ab, ba, bb, aaa, aab, aba, abb, baa, bab, bba, bbb, aaaa, aaab, aaba,$
$aabb, abaa, abab, abba, abbb, baaa, baab, baba, babb, bbaa, bbab, bbba, bbbb,$
$aaaaa, \dots\}$
(2) $\{aa, ab, ba, bb\}$

Exercise 1.2 集合
(1) 集合 $\{q_0, q_1\}$ と集合 $\{p_0, p_1\}$ の直積集合を求めよ．
(2) 集合 $\{q_0, q_1, q_2\}$ と集合 $\{p_0, p_1, p_2\}$ の直積集合を求めよ．
(3) 集合 $\{0, 1\}$ に対して，$2^{\{0,1\}}$ を求めよ．
(4) 集合 $\{q_0, q_1, q_2\}$ に対して，そのべき集合を求めよ．

Exercise 1.3 言語
(1) アルファベット $\Sigma = \{a, b, c\}$ とする．
   (i) Σ 上の記号を列記せよ．
   (ii) Σ 上の語を 5 個挙げよ．
   (iii) $|aabbcc|$ を求めよ．
(2) アルファベット $\Sigma = \{0\}$ とする．Σ^* を求めよ．
(3) アルファベット $\Sigma = \{0, 1\}$ とする．
   (i) Σ^* を求めよ．
   (ii) 長さ 3 の語だけを含み，かつ長さ 3 の語をすべて含む Σ 上の言語を書け．

第 2 章 有限状態オートマトン

オートマトンと形式言語で使う数学的道具は，集合の基本的なもののみである．たとえば，直積集合（集合のペア）やべき集合（集合の集合），関数，関係，同値関係といったものである．しかし，新たな概念を上記の集合関連の概念を用いてつくり上げるため，抽象度が高く，定理の証明を読むのに慣れがいる．たとえば，有限状態オートマトンは「5つ組」：状態・入力アルファベット・状態遷移関数・初期状態・受理状態と定義され，また，非決定性有限状態オートマトンというオートマトンでは，新たな状態を状態のべき集合の要素として定義していく．

以下では，前章で説明した自動販売機の状態機械としての側面に着目して，まず，決定性有限状態オートマトンの形式的定義づけを行う．それに引き続き，有限状態オートマトンが受理する言語や，決定性以外の有限状態オートマトン，さらには状態数が最小の最簡オートマトンなどを紹介する．

2.1 決定性有限状態オートマトンと受理言語

2.1.1 ●決定性有限状態オートマトン

状態機械のうち，つぎを満たす状態機械が**決定性有限状態オートマトン**（deterministic finite state automata：DFA）とよばれるものである．

1. 状態の個数が有限である．
2. 各状態に対し，アルファベットのどの記号が入力として与えられても，遷移先の状態が一意に決まる．
3. 状態のうち，初期状態と受理状態とよばれる状態がある．初期状態は必ず一つだけあり，受理状態はいくつあってもよい（なくてもよい）．

この記述に基づいた形式的定義を与える前に，決定性有限状態オートマトンの状態遷移図を導入する．決定性有限状態オートマトン M の**状態遷移図**は以下のような図である（図 2.1 参照）．

1. M がとる状態のラベルが付いた円が，M の状態数（有限個）だけある．

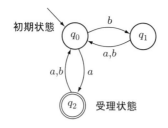

図 2.1　DFA の状態遷移図の例

2. 各円からほかの円へ，あるいは自分自身へ向かう矢印がある．その矢印には，アルファベットとよばれる有限集合の要素（記号とよばれる）が，一つあるいは複数付いている．どの円についても，アルファベットのどの記号もその円から出る矢印のうちの 1 本だけに必ず付いている．
3. 出どころがない矢印で指される一つだけ特別な円がある．また，円のなかには，2 重円があってもよいし，なくてもよい．

この状態遷移図が，決定性有限状態オートマトン M の構成と動作を完全に表現している．状態遷移図を吟味すれば，DFA の構成要素はつぎの 5 個であることは容易に理解されよう（図 2.2）．

1. 状態（state）の有限集合：$\{q_1, q_2, \ldots, q_n\}$
2. 入力アルファベット（入力記号）（input alphabet）：記号の有限集合．$\{a, b\}$, $\{0, 1\}$, $\{a, b, c\}$ など
3. ある状態で入力記号を読んだときの動作（矢印）：状態遷移関数または動作関数（transition function）
4. 初期状態（initial state）：出どころがない「⟶」のついた状態（一つ）
5. 受理状態（accepting state）：2 重円で表現される状態（一般に複数）

図 2.2　状態遷移図の構成要素

ここまでくれば，以下に与える決定性有限状態オートマトンの数学的な定義は自然である．**決定性有限状態オートマトン（DFA）M はつぎの 5 つ組**（5 項組み，5-tuple）である．

$M = \langle Q, \Sigma, \delta, q_0, F \rangle$，ここで，

Q はある有限集合である．Q の要素を**状態**という．
Σ もある有限集合である．Σ を**入力アルファベット**（Σ の要素を**入力記号**）という．
$\delta : Q \times \Sigma \to Q$ は関数（写像）であり，**状態遷移関数**とよばれる．
q_0 は Q のある要素，すなわち $q_0 \in Q$ で，**初期状態**とよばれる．
F は Q のある部分集合，すなわち $F \subseteq Q$ で，**受理状態**とよばれる．

図示すると，$M = \langle Q, \Sigma, \delta, q_0, F \rangle$ は図 2.3 のようになる．念押しとして，状態遷移関数 $\delta : Q \times \Sigma \to Q$ について注意を述べよう（表 2.1）．

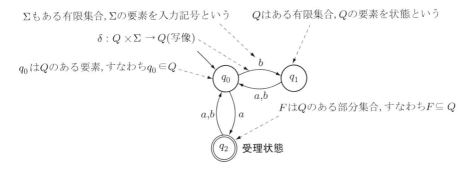

図 2.3 決定性有限状態オートマトン（DFA）

表 2.1 状態遷移関数

状態＼入力記号	a_0	$\cdots$	a_m
q_0	q_{00}		q_{0m}
$\vdots$			$\vdots$
q_n	q_{n0}	$\cdots$	q_{nm}

ただし，$q_{ij} \in \{q_0, \ldots, q_n\}$．

- 定義域は $Q \times \Sigma$，すなわち $\{(q, a) \mid q \in Q$ かつ $a \in \Sigma\}$ である．
- 値域は Q である．
- すなわち，状態遷移関数は，各状態と各入力記号の順序対に対して一つの状態を対応づける．現在の状態 q と入力記号 a とに対して δ の出力，すなわち $\delta(q, a)$ は，状態機械がとるつぎの状態を示している．

● 例題 2.1　DFA1

図 2.4 の状態遷移図をもつ決定性有限状態オートマトンを形式的に記述せよ．

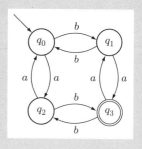

図 2.4　状態遷移図

○ 解答例

有限状態オートマトンを定義する 5 つ組を定めればよい．

$M_1 = \langle Q_1, \Sigma_1, \delta_1, q_0, F_1 \rangle$，ただし
$Q_1 = \{q_0, q_1, q_2, q_3\}$
$\Sigma_1 = \{a, b\}$
$\delta_1 : Q_1 \times \Sigma_1 \to Q_1$ は表 2.2 のとおり．

たとえば，図 2.4 で状態 q_1 から a が書かれた矢印をたどると q_3 にいくので，表 2.2 の (q_1, a) の欄は q_3 である．

$F_1 = \{q_3\}$

表 2.2　状態遷移関数

状態＼入力記号	a	b
q_0	q_2	q_1
q_1	q_3	q_0
q_2	q_0	q_3
q_3	q_1	q_2

以下では，決定性有限状態オートマトン M をその状態遷移図で表現することがしばしばある．

2.1.2 ● 決定性有限状態オートマトンの受理言語

続いて，決定性有限状態オートマトンが受理する言語という概念を導入する．そのため，以下ではまず，決定性有限状態オートマトン（DFA）が与えられた記号列を処理する様をマシンのイメージを前面に出して記述しよう．

まず，記号列が記入されたテープをもつマシンをイメージし，「機械」部分は有限個の状態のどれかにある．さらにこのマシンには，テープに書かれた文字を一つ読むヘッドがあり，テープの文字を 1 方向に一つずつ読んでいく．図 2.5 は，このマシンのある時点でのあり様を描いたイメージ図である．

DFA は，1 時点ごとにテープ上の文字を左から 1 文字ずつ読んでは状態を変えていく．これを図示すると，図 2.6 のようになる．

2.1 決定性有限状態オートマトンと受理言語　23

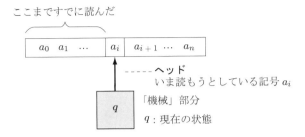

図 2.5　ある時点の DFA のイメージ図

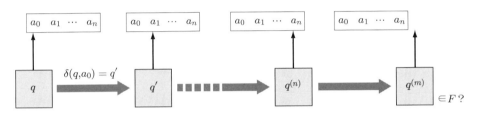

図 2.6　DFA が記号列を処理し，状態変化していくイメージ図

ここで，DFA の時点表示あるいは様相を導入する．DFA の動作のスナップショット，つまり，ある時点の DFA のあり様を考えると，つぎのようになっている（図 2.7）．すなわち，状態 q にあり，その時点までに記号列 $a_0 \cdots a_{i-1}$ を読み終え，現在まさにヘッドが指している a_i を読もうとしている．このスナップショットを，状態 q と文字列 $a_i a_{i+1} \ldots a_n$ の対 $(q, a_i a_{i+1} \cdots a_n)$ と書いて，DFA の**様相**あるいは**時点表示**という．

この様相を用いると，DFA が与えられた記号列を処理する様は以下のようにより数学的に記述できる．すなわち，DFA $M = \langle Q, \Sigma, \delta, q_0, F \rangle$ のある時刻の様相が

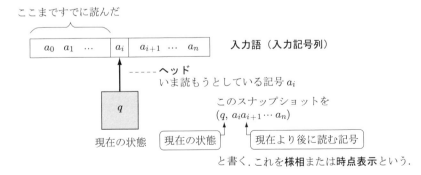

図 2.7　DFA の様相を表したイメージ図

(q, aw) であるならば（ただし，$q \in Q$, $a \in \Sigma$, $w \in \Sigma^*$, $\delta(q,a) = q'$），つぎの時刻の様相は (q', w) である（図 2.8）．これを

$$(q, aw) \vdash_M (q', w)$$

と表記する．ここで，様相の対のうち，記号列を aw と書いたのは，未読の記号列でつぎに読まれる先頭の記号を強調するためである．今後もこのような記法をしばしば用いる．

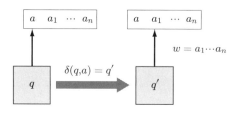

図 2.8　DFA の 1 入力記号を読むときの動作

さらに，

$$(q_0, w_0) \vdash_M (q_1, w_1) \vdash_M \cdots \vdash_M (q_n, w_n)$$

すなわち，(q_0, w_0) から $\vdash_M$ を有限回たどって (q_n, w_n) にたどり着くとき，

$$(q_0, w_0) \vdash_M^* (q_n, w_n)$$

と書く．$\vdash_M^*$ は $\vdash_M$ の**推移的閉包**であるという．

● 例題 2.2　DFA2

図 2.9 の DFA M_1 に $aaab$ を入力したときの動作を時点表示で表せ．

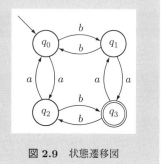

図 2.9　状態遷移図

○ 解答例

状態 q_0 から $aaab$ を読み始めて 1 文字ずつ読んでは状態遷移関数に従って状態を変えていき，読み終えると終了するので，以下のようになる．

$$(q_0, aaab) \vdash_{M_1} (q_2, aab) \vdash_{M_1} (q_0, ab) \vdash_{M_1} (q_2, b) \vdash_{M_1} (q_3, \varepsilon)$$

DFA $M = \langle Q, \Sigma, \delta, q_0, F \rangle$ が語 w を**受理する**とは, $(q_0, w) \vdash_M^* (q, \varepsilon)$ かつ $q \in F$ となるときである.すなわち,与えられた語 w に対して,初期状態 q_0 から出発して w の記号を左から順に一つずつ読んでは,現在の状態と読んだ文字に応じた状態に推移し(図 2.10),w を読み切ったときに受理状態にあれば,M は w を受理する.M の**受理言語**を $L(M)$ と書くと,

$$L(M) = \{w \in \Sigma^* \mid (q_0, w) \vdash_M^* (q, \varepsilon) \text{ かつ } q \in F\}$$

である.すなわち,M が受理する語の集合が,M が受理する言語である(図 2.11).

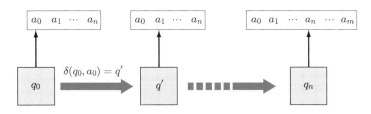

図 **2.10** 入力記号 $a_0 \cdots a_n$ に対する DFA の動作

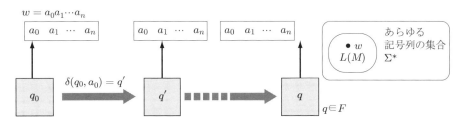

図 **2.11** 記号列 $a_0 \cdots a_n$ を受理するときの DFA の動作

● 例題 2.3　DFA3
例題 2.2 の図 2.9 の DFA M_1 が受理する言語の語をいくつかあげよ.

○ 解答例

$$(q_0, aaab) \vdash_{M_1} (q_2, aab) \vdash_{M_1} (q_0, ab) \vdash_{M_1} (q_2, b) \vdash_{M_1} (q_3, \varepsilon)$$

より,$aaab$.そのほか,M_1 は ab や $aaabbb$ などを受理することも同様に示せる.

Exercise 2.1　DFA1
図 2.12 (a), (b)の状態遷移図をもつ状態機械は, DFA としてはどこかまずいところがあるか. ただし, 入力アルファベットを $\{a,b\}$ とする.

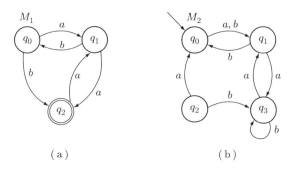

図 2.12　状態遷移図

Exercise 2.2　DFA2
図 2.13 の状態遷移図をもつ有限状態オートマトンを形式的に書き下せ. ただし, $\Sigma = \{a,b\}$ とする.

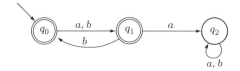

図 2.13　ある有限状態オートマトン M の状態遷移図

Exercise 2.3　DFA3
つぎの DFA の状態遷移図を表せ.
$\quad M = \langle Q, \ \Sigma, \ \delta, \ q_0, \ F \rangle$
$\quad\quad Q = \{p, q\}$
$\quad\quad \Sigma = \{0, 1\}$
$\quad\quad \delta(p, 0) = q, \ \delta(p, 1) = p, \ \delta(q, 0) = p, \ \delta(q, 1) = q$
$\quad\quad q_0 = p$
$\quad\quad F = \{q\}$

Exercise 2.4　DFA4
Exercise 2.2 の図 2.13 の状態遷移図で表現された有限状態オートマトン M に $abbaa$ を入力したときの時点表示の推移を書け.

Exercise 2.5　DFA5

図 2.13 の有限状態オートマトンは
(1) aaa を受理するか．
(2) $abbbbbbbbbbbbbbbbbbbbbb$ を受理するか．
(3) $abbaaaaaaaaaaaaaaaaaaaaaaa$ はこのオートマトンの受理言語に属するか．

2.2　非決定性有限状態オートマトンと受理言語

2.2.1 ●非決定性有限状態オートマトン

どんな状態でどんな入力がきても動作が一意（unique）に決定するとき，その動作は**決定的**（deterministic）であるという（図 2.14）．前節で説明した決定性有限状態オートマトンは，まさにこの意味で決定的である．決定的でない機械としては，

- 動作が確率的に決定される機械，すなわち確率的（probabilistic）な動作をするもの
- 動作が一意に決定されない機械，すなわち非決定的（non-deterministic）な動作をするもの（図 2.15）

の二つがある．

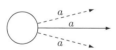
図 2.14　DFA は状態と入力とに応じて動作が一意に決定する．点線の矢印の動作はない

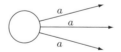
図 2.15　動作が一意に決定しない

以下では，**非決定性有限状態オートマトン** (non-deterministic finite state automata：NFA) を導入する．NFA は，以下を満たす状態機械である．

1. 状態の個数が有限個である．
2. 各状態に対し，アルファベットの記号ごとに，遷移先の状態がいくつあってもよいし，なくてもよい．
3. 初期状態は一つあり，受理状態はいくつでもよい．

非決定性有限状態オートマトンについても，決定性のものと同様に，状態遷移図が

定義される．ただし，非決定性の場合には，ある状態からほかの状態へ向う矢印がなくてもかまわないし，一つの状態から同じアルファベットの記号でほかの状態へ向う矢印があってもかまわない．

例 2.1　NFA1

図 2.16 と図 2.17 はそれぞれある NFA の状態遷移図である．

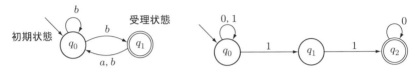

図 2.16　NFA の状態遷移図の例　　図 2.17　NFA の状態遷移図の例

ここで，べき集合の復習をしておこう．集合 A のべき集合とは，A の部分集合すべてからなる集合である（図 2.18）．すなわち，$2^A = \{B \mid B \subseteq A\}$ である．

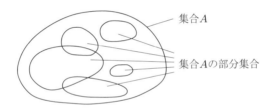

図 2.18　集合 A のべき集合の要素．集合 A のべき集合は，図の部分集合すべてを要素とする集合

たとえば，$A = \{0, 1\}$ ならば $2^A = \{\phi, \{0\}, \{1\}, \{0, 1\}\}$ となる．また，$A = \{a, b, c\}$ ならば $2^A = \{\phi, \{a\}, \{b\}, \{c\}, \{a, b\}, \{a, c\}, \{b, c\}, \{a, b, c\}\}$ である．さらに，$A = \{q_0, q_1\}$ ならば $2^A = \{\phi, \{q_0\}, \{q_1\}, \{q_0, q_1\}\}$ となる．

非決定性有限状態オートマトン（NFA） M はつぎの 5 つ組である．

$M = \langle Q, \Sigma, \delta, q_0, F \rangle$

　　Q はある有限集合，Q の要素を状態という．

　　Σ はある有限集合，Σ の要素を入力記号という．

　　δ はつぎの写像．$\delta : Q \times \Sigma \to 2^Q$

　　q_0 は Q のある要素，つまり $q_0 \in Q$．

　　F は Q のある部分集合，すなわち $F \subseteq Q$．

上記の NFA の定義において，$\delta: Q \times \Sigma \to 2^Q$ の値域 "2^Q" だけが DFA のそれと異なる．すなわち NFA では，δ の行き先は Q の部分集合 Q' である．

$\delta: (q, a) \mapsto Q' \subseteq Q$ のその「心」を述べよう．まず，δ は写像であることに注意してほしい．定義から，写像の行き先は一つと決められている．つまり，図 2.19 のような $(q_0, a) \mapsto q_1, q_2$，すなわち，対 (q_0, a) に対して二つの行き先 q_1 と q_2 があることは許されない．

しかし，非決定性の場合，複数の状態に行くことを表現しなければならない．そのため，行き先が二つ以上の場合には，複数の要素を集合として「一つ」にまとめ，写像としての行き先は一つ（Q の部分集合）で，かつ実態は複数の状態に行くことを表現している（図 2.20）．すなわち，状態遷移関数 δ の値域を Q のべき集合 2^Q とすることにより，Q の各部分集合がそれぞれ一つの要素となり，写像の定義と整合性がとれるのである．

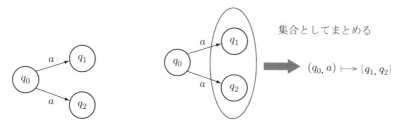

図 2.19　(q_0, a) に対して二つの行き先がある

図 2.20　写像としての行き先を一つにまとめる

また，NFA では，ある状態 q からある記号 a での状態遷移先がないことも許されている．それを $\delta(q, a) = \phi$ と空集合を用いて表現している．$\phi \in 2^Q$，すなわち空集合は Q のべき集合の要素なので，$\delta: Q \times \Sigma \to 2^Q$ は行き先がない場合もきちんと表現できる．

例 2.2　NFA2

図 2.21 の状態遷移図をもつ NFA は，
$M = \langle Q, \Sigma, \delta, q_0, F \rangle$
$Q = \{q_0, q_1, q_2\}$
$\Sigma = \{0, 1\}$
$F = \{q_2\} \subseteq Q$

であり，状態遷移関数 δ は表 2.3 で与えられる．

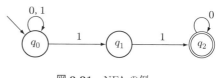

図 2.21　NFA の例

表 2.3　図 2.21 の状態遷移図をもつ NFA の状態遷移関数．一つの状態から同一の入力で複数の状態に移ることを表現するため，移り先を集合で表していることに注意

状態＼入力記号	0	1
q_0	$\{q_0\}$	$\{q_0, q_1\}$
q_1	ϕ	$\{q_2\}$
q_2	$\{q_2\}$	ϕ

● 例題 2.4　NFA1

図 2.22 の状態遷移図をもつ非決定性有限状態オートマトンの形式的定義を述べよ．

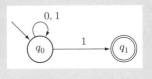

図 2.22　状態遷移図

○ 解答例

$$M = \langle Q, \Sigma, \delta, q_0, F \rangle$$
$$Q = \{q_0, q_1\}$$
$$\Sigma = \{0, 1\}$$
$$F = \{q_1\}$$

状態遷移関数 δ は表 2.4 で与えられる．たとえば，q_0 からは，入力 1 で q_0 と q_1 の両方への矢印があるので，$\delta(q_0, 1) = \{q_0, q_1\}$ である．また，q_1 から 1 の矢印がないので，$\delta(q_1, 1) = \phi$．

表 2.4　状態遷移関数

状態＼入力記号	0	1
q_0	$\{q_0\}$	$\{q_0, q_1\}$
q_1	ϕ	ϕ

2.2.2 ● 非決定性有限状態オートマトンの受理言語

続いて，NFA の受理言語について述べよう．そのため，まず NFA が受理する語を定義する．

非決定性有限状態オートマトンの場合は，「初期状態から入力記号に応じて矢印をたどり，受理状態に達する道が一つでもあれば語を受理する」と定義する．すなわち，複数の矢印があれば両方を考える．また，矢印がなくなった行き方はそこで失敗とする（図 2.23）．

以上のように，NFA は複数の可能性を一度に考えるように動作するわけである．利便性のためにこのような考え方をするが，NFA のような計算機が実際にあるというわけではない．

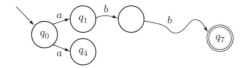

図 **2.23** NFA の状態遷移

例 2.3 NFA3

図 2.24 の NFA と入力 1010110 を考える．たどり方はたくさんある．図 2.25 のように，初期状態から最終状態へたどる道があるので，このオートマトンは 1010110 を受理する．

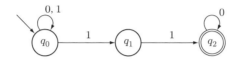

図 **2.24** 状態遷移図の例

図 **2.25** 入力記号に応じて非決定的に遷移する．受理する道がある

NFA M の受理言語を定義しよう．NFA でも，時点表示を対 (q,w) で表す．現在の時点表示が (q,aw) のとき，$q' \in \delta(q,a)$ であれば，

$$(q,aw) \vdash_M (q',w)$$

と書く．また，$\underbrace{(q,uw) \vdash_M \cdots \vdash_M}_{0\text{ 回以上}} (\tilde{q},w)$ のとき，

$$(q,uw) \vdash_M^* (\tilde{q},w)$$

と書く．ここで，$\vdash_M^*$ は $\vdash_M$ の推移的閉包という．NFA M の受理言語とは

$$L(M) = \{w \in \Sigma^* | (q_0,w) \vdash_M^* (q,\varepsilon)\text{ かつ }q \in F\}$$

すなわち，q_0 から出発し，w の左から順に読んでいき，現在の状態と読んだ記号に応じた状態（複数の候補あり!!）に遷移し，w をすべて読み終えたときに受理状態であるような遷移が一つでもあれば M は w を受理する．M によってこのように受理される語すべてを集めたものが $L(M)$ である．

● 例題 2.5　NFA2
図 2.26 の状態遷移図をもつ非決定性有限状態オートマトンはどのような言語を受理するか．

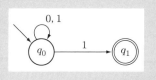

図 2.26　状態遷移図

○ 解答例
　0 と 1 からなる語のうち，1 で終わるもの．なぜなら，状態 q_0 から始めて，ループの矢印では 0 または 1 で何回も繰り返して，最後が 1 であれば q_0 から q_1 への矢印で q_1 へ行き受理されるし，最後が 0 のものは q_0 から抜け出せないため．

Exercise 2.6　NFA1
　図 2.27 の非決定性有限状態オートマトンは，以下のそれぞれの語を受理するか．
01, 11, 011, 001, 00001, 10, 101, 111000000, 111111111100

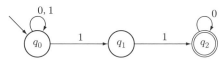

図 2.27　状態遷移図

2.2.3 ● DFA と NFA の言語受理能力

　以下では，DFA と NFA の言語受理能力について考察しよう．DFA の一つひとつには受理言語がある．同様に，NFA の一つひとつにも受理言語がある．そこで，以下の疑問がわいてくる．すなわち，

- ある DFA の受理言語で，どんな NFA によっても受理できない言語があるか

逆に，

- ある NFA の受理言語で，どんな DFA によっても受理できない言語があるか

つまり，2 タイプの有限状態オートマトンの受理言語のクラスの間に，図 2.28 で示すようなずれがあるのかという問題である．「クラス」とは集合とほぼ同義であるが，詳しくは第 6 章で解説する．ここでは，言語の集まりと考えてよい．

　この問題に対する答えとして，DFA と NFA の等価性が成り立つ（図 2.29）．すな

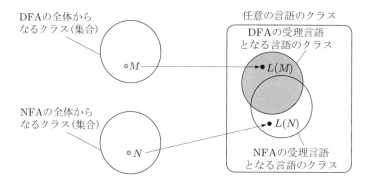

図 2.28　二つの有限状態オートマトンの受理言語のクラス間にずれがある場合

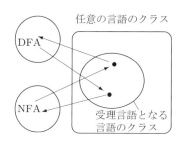

図 2.29　DFA と NFA の等価性

わち，以下の二つが成り立つ．

1. 任意の DFA に対して，その受理言語を受理言語とする NFA が存在する．
2. 任意の NFA に対して，その受理言語を受理言語とする DFA が存在する．

[証明]

1. 自明．DFA はそのままで NFA ともみなせるので自明である．
2. 任意の NFA に対して，それと等価な（同一の受理言語をもつ）DFA をつくればよい．
　　具体的には，NFA と等価な DFA を以下のように構成する．すなわち，$M = \langle Q, \Sigma, \delta, q_0, F \rangle$ を一つの NFA とする．これに対し，DFA $\widetilde{M}$ をつぎのように定義する．

$$\widetilde{M} = \langle \widetilde{Q},\ \Sigma,\ \widetilde{\delta},\ \widetilde{q_0},\ \widetilde{F} \rangle$$
$$\widetilde{Q} = 2^Q$$
$$\widetilde{\delta}:\ 2^Q \times \Sigma \to 2^Q\ \text{なる写像で、}\ \widetilde{\delta}: (Q', a) \mapsto \bigcup_{q \in Q'} \delta(q, a)$$
$$\widetilde{q_0} = \{q_0\}$$
$$\widetilde{F} = \{Q' \in 2^Q \mid Q' \bigcap F \neq \phi\}$$

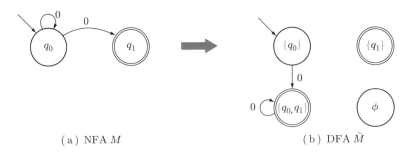

(a) NFA M　　　　　　　　(b) DFA $\widetilde{M}$

図 2.30　NFA M と同じ言語を受理する DFA $\widetilde{M}$ を生成

この NFA M の状態は，図にあるように $Q = \{q_0, q_1\}$ である．それゆえ，$2^Q = \{\phi, \{q_0\}, \{q_1\}, \{q_0, q_1\}\}$ である．作成する DFA $\widetilde{M}$ の状態は，この 2^Q の要素一つひとつである．つまり，$\widetilde{M}$ の状態は，$\{q_0\}$ とか $\{q_0, q_1\}$ など，M の状態のうちのいくつかの集合になっている．よく考えてみると，q とか q'，あるいは $\{q\}$ など，状態といっているものは，実は一つひとつの状態を区別するために状態につけた名前のようなものなので，$\{q_0, q_1\}$ が一つの状態であるといっても何の問題もない．

$\widetilde{M}$ の初期状態は M の初期状態 q_0 だけを含む集合 $\{q_0\}$ であり，$\widetilde{M}$ の受理状態 $\widetilde{F}$ は $\{Q' \in 2^Q \mid Q' \cap F \neq \phi\}$ と定義される状態の集まりで，それは，M の受理状態を一つでも含んでいる M の状態の部分集合の集まりである．上の例だと，M の受理状態は q_1 だけであり，$\widetilde{M}$ の受理状態は q_1 を含む集合の $\{q_1\}$ と $\{q_0, q_1\}$ となる．

$\widetilde{M}$ の状態遷移関数であるが，それは $\widetilde{Q} \times \Sigma$ から $\widetilde{Q}$ への写像である．$\widetilde{Q} \times \Sigma$ の一つの要素 (Q', a) をとってみよう．Q' はもともとの M の状態のうちのいくつかの集合である．その一つひとつの q と記号 a に対し，M では状態 $\delta(q, a)$ に移る．$\widetilde{\delta}$ では，その一つひとつの q についての和集合 $\bigcup_{q \in Q'} \delta(q, a)$ なる一つの集合（Q の部分集合）が $\widetilde{M}$ における (Q', a) の移り先となる．

さて，与えられた非決定性有限状態オートマトン M に対して，このように構成された決定性の $\widetilde{M}$ は M と同じ言語を受理する．その理由を，まずは例を通して見てみよう．たとえば，語 00 を M は受理する．q_0 から出発して初めの 0 では M は q_0 のままとし，つぎの 0 で q_0 から q_1 に移ればよい．一方，$\widetilde{M}$ では，初期状態は M の q_0 だけを含む $\{q_0\}$ であり，そこから 0 で $\widetilde{M}$ の状態は $\{q_0, q_1\}$ へ移る．これは，M では q_0 から 0 で q_0, q_1 のうちの q_0 へ移動したことに対応する．続いて 2 番目の 0 を読んでも，$\widetilde{M}$ では状態 $\{q_0, q_1\}$ が $\{q_0, q_1\}$ のままであり，それは受理状態でもある．今度は，M では q_0 から 00 で q_1 へ移動したことに相当する．

上記の例を念頭において一般の状況を考えよう．すなわち，M が受理する語 w をとってくると，M は w を読み切ったときに M の受理状態に至るパスが一つは存在す

る．$\widetilde{M}$ の構成の仕方から考えて，$\widetilde{M}$ が w を読み終えるまでのパスが必ず存在し，しかも，読み終えたときの状態は M の受理状態を含む集合で表現される状態なので，それは $\widetilde{M}$ の受理状態である．同様に，M が受理する語 w' をとってくると，それは $\widetilde{M}$ が受理することもわかる．

厳密にはつぎのように証明する．まず，語の長さに関する数学的帰納法により，以下を示す．すなわち，NFA M からつくった DFA $\widetilde{M}$ において，任意の語 $w \in \Sigma^*$ に対して $(\widetilde{q}_0, w) \vdash^*_{\widetilde{M}} (\widetilde{Q}, \varepsilon)$ としたとき，$\widetilde{Q} = \{q \in Q \mid (q_0, w) \vdash^*_M (q, \varepsilon)\}$ が成り立つ．

(1) $|w| = 0$，すなわち $w = \varepsilon$ のとき．このときは，$\widetilde{Q} = \widetilde{q}_0 = \{q_0\}$ であり，また，$w = \varepsilon$ だから $\{q \in Q \mid (q_0, w) \vdash^*_M (q, \varepsilon)\} = \{q_0\}$ となり，上式が成立する．

(2) $|w| = n+1$，$n > 0$ とし，長さ n の語については上式が成り立つと仮定する．このとき $w = \widehat{w}a$，$\widehat{w} \in \Sigma^*$，$|\widehat{w}| = n$，$a \in \Sigma$ というように，w は長さ n の語 $\widehat{w}$ と記号 a の連接と書ける．仮定より，$(\widetilde{q}_0, \widehat{w}) \vdash^*_{\widetilde{M}} (\widetilde{Q}_n, \varepsilon)$ としたとき，$\widetilde{Q}_n = \{q \in Q \mid (q_0, \widehat{w}) \vdash^*_M (q, \varepsilon)\}$ が成り立つ．

長さ $n+1$ の w に対して，DFA $\widetilde{M}$ において，$(\widetilde{q}_0, w) = (\widetilde{q}_0, \widehat{w}a) \vdash^*_{\widetilde{M}} (\widetilde{Q}_n, a) \vdash_{\widetilde{M}} (\widetilde{Q}_{n+1}, \varepsilon)$ としたとき，$\widetilde{M}$ のつくり方から $\widetilde{Q}_{n+1} = \{q' \in Q \mid \delta(q, a) = q', q \in \widetilde{Q}_n\}$ である．一方，$P = \{q'' \in Q \mid (q_0, w) \vdash^*_M (q'', \varepsilon)\}$ を考えると，M は非決定性なので，$(q_0, w) = (q_0, \widehat{w}a) \vdash^*_M (q, a) \vdash_M (q'', \varepsilon)$，$q'' \in \delta(q, a)$ となる $q \in Q$ が存在するので，P は $\widetilde{Q}_{n+1}$ に等しいことがわかる．よって，$n+1$ の語についても上式が成立する．

さて，DFA $\widetilde{M}$ の受理状態は，NFA M の受理状態を少なくとも一つは含む Q の部分集合である．それゆえ，$\widetilde{M}$ において $(\widetilde{q}_0, w) \vdash^*_{\widetilde{M}} (\widetilde{Q}, \varepsilon)$ で，$\widetilde{Q}$ が $\widetilde{M}$ の受理状態であるのは，M において $(q_0, w) \vdash^*_M (q, \varepsilon)$ かつ $q \in F$ なる q が存在するとき，かつそのときに限る．これで $\widetilde{M}$ と M の受理言語が等しいことが証明された．（証明終）

● **例題 2.6　NFA3**

図 2.31 の状態遷移図をもつ非決定性有限状態オートマトン

$M = \langle Q, \Sigma, \delta, q_0, F \rangle$

$Q = \{q_0, q_1, q_2\}$

$\Sigma = \{0, 1\}$

$F = \{q_2\}$

状態遷移関数は表 2.5 のとおり

と等価な決定性有限オートマトン $\widetilde{M} = \langle \widetilde{Q}, \Sigma, \widetilde{\delta}, \{q_0\}, \widetilde{F} \rangle$ を構成せよ．

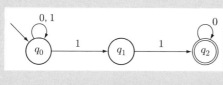

図 2.31 状態遷移図

表 2.5 状態遷移関数

状態＼入力記号	0	1
q_0	$\{q_0\}$	$\{q_0, q_1\}$
q_1	ϕ	$\{q_2\}$
q_2	$\{q_2\}$	ϕ

○ 解答例

$\widetilde{M} = \langle \widetilde{Q}, \Sigma, \widetilde{\delta}, \{q_0\}, \widetilde{F} \rangle$

$\widetilde{Q} = 2^Q = \{\phi, \{q_0\}, \{q_1\}, \{q_2\}, \{q_0, q_1\}, \{q_0, q_2\}, \{q_1, q_2\}, \{q_0, q_1, q_2\}\}$

$\widetilde{F} = \{Q' \in 2^Q \mid Q' \cap F \neq \phi\} = \{\{q_2\}, \{q_0, q_2\}, \{q_1, q_2\}, \{q_0, q_1, q_2\}\}$

状態遷移関数 $\widetilde{\delta}$ は表 2.6 で与えられ、たとえば、

$\widetilde{\delta}(\{q_0, q_1\}, 1) = \delta(q_0, 1) \cup \delta(q_1, 1) = \{q_0, q_1\} \cup \{q_2\} = \{q_0, q_1, q_2\}$

$\widetilde{\delta}(\{q_0, q_2\}, 1) = \delta(q_0, 1) \cup \delta(q_2, 1) = \{q_0, q_1\} \cup \phi = \{q_0, q_1\}$

表 2.6 $\widetilde{M}$ の状態遷移関数

状態＼入力記号	0	1
ϕ	ϕ	ϕ
$\{q_0\}$	$\{q_0\}$	$\{q_0, q_1\}$
$\{q_1\}$	ϕ	$\{q_2\}$
$\{q_2\}$	$\{q_2\}$	ϕ
$\{q_0, q_1\}$	$\{q_0\}$	$\{q_0, q_1, q_2\}$
$\{q_0, q_2\}$	$\{q_0, q_2\}$	$\{q_0, q_1\}$
$\{q_1, q_2\}$	$\{q_2\}$	$\{q_2\}$
$\{q_0, q_1, q_2\}$	$\{q_0, q_2\}$	$\{q_0, q_1, q_2\}$

解答補足

上の NFA に対して等価な DFA の状態遷移図は図 2.32(a) となる．NFA の状態の集合 Q に対して，構成される DFA の状態の集合は 2^Q であり，その要素数は，Q の状態数に比べて「指数関数的」に多い．また，初期状態から出発してたどり着けない状態（図 (b)）も存在する．そのような状態は言語の受理という点ではあってもなくても関係がないので，ふつうは取り除く．

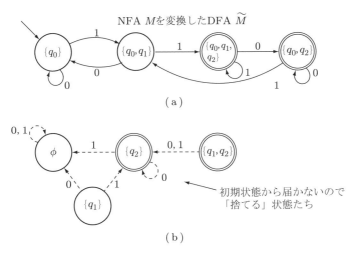

(a)

(b)

図 2.32　状態遷移図

Exercise 2.7　NFA2

図 2.33 の非決定性有限状態オートマトンと等価な決定性有限状態オートマトンをつくれ．

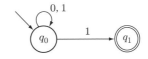

図 2.33　状態遷移図

2.3　空動作のある非決定性有限状態オートマトン

つぎに，**空動作のある NFA**（ε-**NFA**）を導入しよう．まず ε が空記号，すなわち長さ 0 の記号列であることを思い出そう．空動作のある非決定性有限状態オートマトンは，入力記号を読まなくても状態遷移を許す NFA である．

ある状態から ε で状態遷移できるときには，ε で必ず状態を変える必要はない．たとえば，図 2.34 の ε-NFA において，q_0 において ε で決定的に q_1 に進むのでなく，「とどまる」あるいは「進む」は非決定的に決まる．

この ε-NFA に aba を入力した場合の状態遷移は，図 2.35 のようになる．

ε-NFA M はつぎの 5 つ組である．

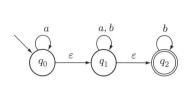

図 2.34 ε-NFA の例　　図 2.35 ε-NFA に aba を入力した状態遷移

$M = \langle Q, \Sigma, \delta, q_0, F \rangle$

Q はある有限集合，Q の要素を状態という．

Σ はある有限集合，Σ の要素を入力記号（入力アルファベット）という．

δ はつぎの関数（写像）．$\delta : Q \times (\Sigma \cup \{\varepsilon\}) \to 2^Q$

q_0 は Q のある要素，すなわち $q_0 \in Q$

F は Q のある部分集合，つまり $F \subseteq Q$

ただし，すべての状態 q に対して，$q \in \delta(q, \varepsilon)$ を暗黙に仮定する．この仮定は，必ずしも ε で状態を変える必要はないことを意味する．

例 2.4　ε-NFA

$M = \langle Q, \Sigma, \delta, q_0, F \rangle$

$Q = \{q_0, q_1, q_2\}$, $\Sigma = \{a, b\}$, $F = \{q_2\} \subseteq Q$

δ は表 2.7 のとおりで，状態遷移図は図 2.36 のとおり．

表 2.7　状態遷移関数

状態＼入力記号	a	b	ε
q_0	$\{q_0\}$	ϕ	$\{q_1\}$
q_1	$\{q_1\}$	$\{q_1\}$	$\{q_2\}$
q_2	ϕ	$\{q_2\}$	ϕ

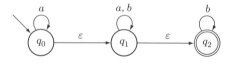

図 2.36　状態遷移図

ε-NFA が受理する言語は，ε 動作がない非決定性有限状態オートマトンの受理言語と同様に定義される．さて，ε-閉包という概念を導入する．$M = \langle Q, \Sigma, \delta, q_0, F \rangle$ を ε-NFA とする．M の状態の集合 Q' に対し，Q' の状態から空動作だけで到達できる状態集合を Q' の **ε-閉包**といい，$\varepsilon\text{-}CL(Q')$ と書く．ただし，$Q \subset \varepsilon\text{-}CL(Q)$ は暗黙に仮定する．つまり，Q の ε-閉包は，Q の要素をすべて含むとする．

図 2.37 で説明しよう．Q' を $\{q_1, q_4\}$ とする．q_1 から ε で進めると，q_2 となる．q_4 からは ε で進めない．それゆえ，$\varepsilon\text{-}CL(Q')$ はもともとの Q' と q_2 を合わせたもの，$\varepsilon\text{-}CL(Q') = \{q_1, q_2, q_4\}$ となる．

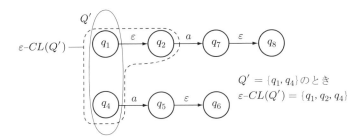

図 2.37 ε-閉包の例

この ε-閉包を用いて，同じ言語を受理するという意味で，ε-NFA と等価な DFA への変換について述べよう．いま，$M = \langle Q, \Sigma, \delta, q_0, F \rangle$ を ε-NFA とする．これに対し，DFA $\widetilde{M}$ を以下のように定義する．

$$\widetilde{M} = \langle \widetilde{Q}, \Sigma, \widetilde{\delta}, \widetilde{q}_0, \widetilde{F} \rangle$$
$$\widetilde{Q} = 2^Q$$
$$\widetilde{\delta} : 2^Q \times \Sigma \to 2^Q, \ \widetilde{\delta} : (Q', a) \mapsto \varepsilon\text{-}CL\left(\bigcup_{q \in \varepsilon\text{-}CL(Q')} \delta(q, a)\right)$$
$$\widetilde{q}_0 = \varepsilon\text{-}CL(\{q_0\})$$
$$\widetilde{F} = \{Q' \in 2^Q \mid Q' \cap F \neq \phi\}$$

これは基本的には，(ε なしの) NFA と等価な DFA を構成するのと同じである．しかし，いまは ε 動作があるので，その分構成が複雑になっている．すなわち，DFA の状態遷移関数 $\widetilde{\delta}$ により，(Q', a)，$Q' \in 2^Q$，$a \in \Sigma$ は，まず

(1) Q' から ε で進める状態と Q' そのものを含んだ ε-$CL(Q')$ から，a で δ で進める先の状態を集め，それが $\bigcup_{q \in \varepsilon\text{-}CL(Q')} \delta(q, a)$

(2) そこからまた ε で進める状態をすべて集めた集合 $\varepsilon\text{-}CL\left(\bigcup_{q \in \varepsilon\text{-}CL(Q')} \delta(q, a)\right)$

に写される．図 2.38 で説明しよう．$Q' = \{q_1, q_4\}$ とすると，$\varepsilon\text{-}CL(Q') = \{q_1, q_2, q_4\}$．その集合の要素から進める状態は q_5 と q_7 である．さらに，そこから ε で進める状態は q_6 と q_8 である．よって，$\widetilde{\delta}(Q', a) = \{q_5, q_6, q_7, q_8\}$ となる．

このように構成した DFA $\widetilde{M}$ は，もとの ε-NFA M と同じ言語を受理することを，NFA と DFA のときと同様に，語の長さに関する帰納法で示すことができる．M は任意の ε-NFA であるから，結局，DFA が受理する言語のクラスと ε-NFA が受理する言語のクラスは同じものである．

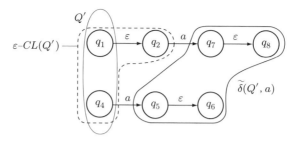

図 2.38 ε-閉包からの状態遷移

例 2.5　ε-NFA の変換

例 2.4 の ε に対して，

$$\varepsilon\text{-}CL(\{q_0\}) = \{q_0, q_1, q_2\}$$

$$\begin{aligned}
\widetilde{\delta}(\{q_0, q_1, q_2\}, a) &= \varepsilon\text{-}CL\left(\bigcup_{q \in \varepsilon\text{-}CL(\{q_0, q_1, q_2\})} \delta(q, a)\right) \\
&= \varepsilon\text{-}CL(\delta(q_0, a) \cup \delta(q_1, a) \cup \delta(q_2, a)) \\
&= \varepsilon\text{-}CL(\{q_0\} \cup \{q_1\} \cup \phi) \\
&= \varepsilon\text{-}CL(\{q_0, q_1\}) = \{q_0, q_1, q_2\}
\end{aligned}$$

● **例題 2.7**　ε-NFA

図 2.39 の ε 動作をもつ非決定性有限状態オートマトンと等価な決定性有限状態オートマトンを構成せよ．

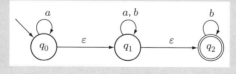

図 2.39　状態遷移図

○ **解答例**

$\widetilde{M} = \langle \widetilde{Q}, \Sigma, \widetilde{\delta}, \{q_0, q_1, q_2\}, \widetilde{F} \rangle$

$\widetilde{Q} = \{\phi, \{q_0\}, \{q_1\}, \{q_2\}, \{q_0, q_1\}, \{q_0, q_2\}, \{q_1, q_2\}, \{q_0, q_1, q_2\}\}$

$\widetilde{F} = \{\{q_2\}, \{q_0, q_2\}, \{q_1, q_2\}, \{q_0, q_1, q_2\}\}$

$\widetilde{\delta}$ は表 2.8 のとおり．

表 2.8　状態遷移関数

状態＼入力記号	a	b
ϕ	ϕ	ϕ
$\{q_0\}$	$\{q_0, q_1, q_2\}$	$\{q_1, q_2\}$
$\{q_1\}$	$\{q_1, q_2\}$	$\{q_1, q_2\}$
$\{q_2\}$	ϕ	$\{q_2\}$
$\{q_0, q_1\}$	$\{q_0, q_1, q_2\}$	$\{q_1, q_2\}$
$\{q_0, q_2\}$	$\{q_0, q_1, q_2\}$	$\{q_1, q_2\}$
$\{q_1, q_2\}$	$\{q_1, q_2\}$	$\{q_1, q_2\}$
$\{q_0, q_1, q_2\}$	$\{q_0, q_1, q_2\}$	$\{q_1, q_2\}$

Exercise 2.8　ε-NFA

(1) つぎの言語を受理する決定性有限状態オートマトンを状態遷移図で表せ．ただし，すべて $\Sigma = \{0, 1\}$ とする．
  (i) 最後が 00 で終わる語からなる言語
  (ii) 0 の個数が 3 の倍数である語からなる言語
(2) 問 (1) の(i)の言語と(ii)の言語との和集合からなる言語を，空動作のある非決定性有限状態オートマトンで書け．

2.4　正規表現

ある種の言語を表現するために，正規表現（regular expression）というものがある．Java や Python などのプログラミング言語でも正規表現が扱え，文書処理の技術としてよく用いられる．後で示すが，正規表現で表された言語は，ある有限状態オートマトンで受理され，その逆も成り立つ．正規表現は以下のように再帰的に定義される．すなわち，アルファベット Σ に対し，つぎのものが**正規表現**である．

基礎
1. 記号 $a \in \Sigma$ に対し，a は正規表現であり，それは言語 $\{a\}$ を表す．
2. ε は正規表現であり，それは言語 $\{\varepsilon\}$ を表す．
3. ϕ は正規表現であり，それは空言語 ϕ を表す．

再帰

4. α, β がそれぞれ言語 L_α, L_β を表す正規表現のとき,
   a. $(\alpha + \beta)$ は正規表現であり,それは言語 $L_\alpha \cup L_\beta$ を表す.
   b. $(\alpha\beta)$ は正規表現であり,言語 $L_\alpha L_\beta$(**連接**)を表す.言語の連接は $L_\alpha \cdot L_\beta$ とも書かれ,以下で定義される言語である.

   $$L_\alpha L_\beta = \{uv \mid u \in L_\alpha, v \in L_\beta\}$$
   $$(L_\alpha^2 = L_\alpha L_\alpha = \{uv \mid u, v \in L_\alpha\},$$
   $$L_\alpha^3 = L_\alpha L_\alpha L_\alpha = \{uvw \mid u, v, w \in L_\alpha\}, \ldots \text{とする})$$

   c. α^* は正規表現であり,以下で定義される言語 L_α^*(**クリーネ閉包**)を表す.

   $$L_\alpha^* = \{\varepsilon\} \cup L_\alpha \cup L_\alpha^2 \cup L_\alpha^3 \cup \cdots$$

再帰に慣れていないと,この定義はなかなか理解が難しい.定義の基礎部分では,1 語からなる言語 $\{a\}$ や空記号列 ε だけを含む言語 $\{\varepsilon\}$,さらに空集合である空言語を表現する正規表現がそれぞれ $\boldsymbol{a}, \boldsymbol{\varepsilon}, \boldsymbol{\phi}$ であることを主張している.すなわち,一つの語 a だけからなる言語 $\{a\}$ を a を太字で表した $\boldsymbol{a}$ で表し,その $\boldsymbol{a}$ というものは正規表現というものの一つだといっている.同様に,b という 1 語だけからなる言語 $\{b\}$ の正規表現は $\boldsymbol{b}$ となる.さらに,定義の基礎 2 と 3 は,$\boldsymbol{\varepsilon}$ は言語 $\{\varepsilon\}$ を,$\boldsymbol{\phi}$ は言語 ϕ を表し,それぞれが一つの正規表現だといっている.

それらを「素材」に,定義の再帰部でより複雑な言語を表現する正規表現がつくられる.たとえば,$\boldsymbol{a}$ を言語 $\{a\}$ を表す正規表現,$\boldsymbol{b}$ を言語 $\{b\}$ を表す正規表現としたとき,再帰 4a より $\boldsymbol{a} + \boldsymbol{b}$ という表現も正規表現であり,それは言語 $\{a\} \cup \{b\} = \{a, b\}$ を表す.

また,再帰 4b において,言語 L_α と L_β との連接は,L_α の語と L_β の語を一つずつとってきてその順につなげた語すべてからなる言語である.再帰 4c におけるクリーネ閉包はもっとも理解しづらいかもしれない.L_α^* は,L_α の語から重複を許して有限個とってきてそれらをつなげた語すべてからなる言語である.

以下にいくつか挙げる例をよく吟味すれば,さらに理解が深まろう.まず,言語の連接とクリーネ閉包の例を挙げよう.それに続き,正規表現の例をいくつか挙げる.

例 2.6 連接

記号 $a, b \in \Sigma$ とする.$L_1 = \{a^i \mid i = 1, 2, \ldots\}$,$L_2 = \{b^{2i} \mid i = 1, 2, \ldots\}$ とすると,$L_1 L_2 = \{a^i b^{2j} \mid i, j = 1, 2, \ldots\}$ となる.

例 2.7　クリーネ閉包

$a \in \Sigma$ とする．$L = \{aa\}$ に対し，
$L^* = \{\varepsilon\} \cup L \cup L^2 \cup \cdots = \{\varepsilon,\ aa,\ aaaa,\ aaaaaa, ...\} = \{a^{2i} \mid i = 0, 1, ...\}$.

例 2.8　正規表現 1

記号 $a, b \in \Sigma$ とする．

1. $\boldsymbol{a}$ は言語 $\{a\}$，$\boldsymbol{b}$ は言語 $\{b\}$ を表す．
2. $\boldsymbol{a} + \boldsymbol{b}$ は言語 $\{a, b\}$ を表す．
3. $\boldsymbol{ab}$ は言語 $\{ab\}$ を表す．すなわち，再帰 4b から $\boldsymbol{ab}$ は $\{a\}$ と $\{b\}$ の連接であり，$\{ab \mid a \in \{a\},\ b \in \{b\}\} = \{ab\}$.
4. $\boldsymbol{a(a+b)a}$ は，三つの言語 $\{a\}$, $\{a,b\}$, $\{a\}$ の連接である言語 $\{a\} \cdot \{a,b\} \cdot \{a\} = \{aaa, aba\}$ を表す．

例 2.9　正規表現 2

記号 $a, b \in \Sigma$ とする．

1. $L = \{a\}$ に対して，$L^2 = L \cdot L = \{aa\}$, $L^3 = L \cdot L \cdot L = \{aaa\}, \ldots$.
2. $(\boldsymbol{aa}+\boldsymbol{bb})^* = (\boldsymbol{a}^2+\boldsymbol{b}^2)^*$ は言語 $\{aa, bb\}^* = \{\varepsilon,\ aa,\ bb,\ aaaa,\ aabb,\ bbaa,\ bbbb,\ aaaaaa,\ aaaabb,\ aabbbb,\ bbbbbb, \ldots\}$. $\boldsymbol{aa} = \boldsymbol{a}^2$ は言語 $\{aa\}$, $\boldsymbol{bb} = \boldsymbol{b}^2$ は言語 $\{bb\}$ であり，後は * の定義からわかる．
3. $\boldsymbol{a}^*\boldsymbol{b}^*$ は言語 $\{a^i b^j \mid i = 0, 1, 2, \ldots,\ j = 0, 1, 2, \ldots\}$ を表す．なぜなら，$\boldsymbol{a}^*$ は言語 $\{\varepsilon, a, aa, aaa, \ldots\}$ を，$\boldsymbol{b}^*$ は言語 $\{\varepsilon, b, bb, bbb, \ldots\}$ を表し，後は * の定義と $\boldsymbol{ab}$ が表す言語からわかる．

例 2.10　正規表現 3

$\Sigma = \{0, 1\}$ とする．

1. $\boldsymbol{0}, (\boldsymbol{0} + \boldsymbol{1}), (\boldsymbol{01})$ は正規表現であり，それぞれ集合 $\{0\}$, $\{0, 1\} = \Sigma$, $\{01\}$ を表す．
2. 集合の連接 Σ^2 は $(\boldsymbol{0}+\boldsymbol{1})(\boldsymbol{0}+\boldsymbol{1})$ によって表される．
3. Σ のクリーネ閉包は $\Sigma^* = \bigcup_{n=0}^{\infty} \Sigma^n$ で与えられる．ただし，$\Sigma^0 = \{\varepsilon\}$ とする．これを表す正規表現は $(\boldsymbol{0}+\boldsymbol{1})^* = \varepsilon + (\boldsymbol{0}+\boldsymbol{1}) + (\boldsymbol{0}+\boldsymbol{1})^2 + \cdots$ のように書くことができる．

Σ の正の閉包 Σ^+，すなわち Σ^* から ε を除いたものを表す正規表現は $(\mathbf{0}+\mathbf{1})^*(\mathbf{0}+\mathbf{1})$ である．
4. 言語 $\{(01)^n 1 \mid n \geqq 0\}$ は，$(\mathbf{01})^*\mathbf{1}$ によって表される．
α が L_α を表す正規表現のとき，α^+ をつぎの L_α^+ を表す正規表現として用いることもある．以下では，$L_\alpha^+ = L_\alpha^1 \cup L_\alpha^2 \cup L_\alpha^3 \cup \cdots$．また，正規表現 s が n 回続くことを s^n と書くことにする．

Exercise 2.9　正規表現

つぎの正規表現は何を表すか．$\Sigma = \{a, b\}$ とする．
(1) $\boldsymbol{a(a+b)^*aa}$
(2) $\boldsymbol{a((a+b)^2)^*}$

また，$\Sigma = \{0, 1\}$ 上のつぎの言語を表す正規表現を与えよ．
(3) 最後が 1 で終わる，長さが 4 の倍数の語からなる言語
(4) 1111 を含む語からなる言語
(5) 111 か 000 を含む語からなる言語

McNaughton–Yamada の定理

以下の二つの主張を合わせて，McNaughton–Yamada の定理という．
- 任意の正規表現が表す言語を受理する有限状態オートマトンが存在する．
- 逆に，任意の有限状態オートマトンに対し，その受理言語を表す正規表現が存在する．

したがって，正規表現が表す言語のクラスは有限状態オートマトンの受理言語のクラスと一致する．以下，証明のスケッチを述べる．正規表現 s が表す言語を $L(s)$ と書くことにする．

[定理]　任意の正規表現が表す言語は，ε 動作をもつ NFA（ε-NFA）によって受理される．
[証明]　まず，正規表現 $\boldsymbol{\phi}$，$\boldsymbol{\varepsilon}$，$\boldsymbol{a}$ が表す言語を受理する有限状態オートマトンを図 2.40 のようにつくり，後は，正規表現に含まれる演算子の数に関する帰納法による．正規表現を s, t で表す．
（基底段階）演算子がない場合の s は $\boldsymbol{\phi}$，$\boldsymbol{\varepsilon}$，$\boldsymbol{a}$ のいずれかであり，これに対応する有限状態オートマトンは，図 2.40 のように最終状態を 1 個に制限して構成できる．

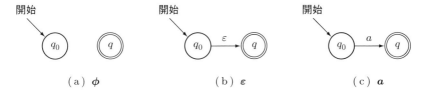

(a) ϕ　　　　(b) ε　　　　(c) a

図 2.40 正規表現 ϕ, ε, a を受理する有限状態オートマトン

（帰納段階）演算子の数が k 以下の場合について，最終状態が 1 個の ε-NFA が構成できたと仮定する．演算子の数が $k+1$ 個の正規表現は，必ず $s+t$, st, s^* のうちのいずれかの形をしているから，それぞれの場合について有限状態オートマトンを構成する．

(i) $s+t$ の場合　各 s, t に対しては，帰納法の仮定により，それぞれ ε-NFA M_1, M_2 が存在するので，図 2.41 の ε-NFA をつくる．すると，$L(M) = L(M_1) \cup L(M_2) = L(s) \cup L(t) = L(s+t)$ が成り立つ．

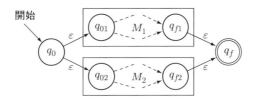

図 2.41 有限状態オートマトン M_1, M_2 を用いて，$L(s+t)$ を受理する ε-NFA を構築

(ii) st の場合　(i) の M_1, M_2 を用いて，図 2.42 のように M を構成する．$L(M) = L(M_1)L(M_2) = L(s)L(t) = L(st)$ が成り立つ．

図 2.42 M_1, M_2 を用いて，$L(st)$ を受理する ε-NFA を構築

(iii) s^* の場合　(i) の M_1 を用いて，図 2.43 のようにして M を構成する．$L(M) = L(M_1)^* = L(s^*)$ が成り立つ．

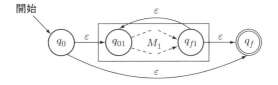

図 2.43 M_1 を用いて，$L(s^*)$ を受理する ε-NFA を構築

以上より，演算子の数が $k+1$ 個の正規表現に対し，ε-NFA が構成できた．（証明終）

[定理] 語の集合が DFA によって受理されれば，その集合を表す正規表現が存在する．
[証明] （例による「証明」）

与えられた DFA において，状態 q_i から状態 q_j への直接の推移をもたらす記号列の集合を求め，その記号列の集合を R_{ij}^0 と表す．ただし，R_{ii}^0 には ε も含めておく．得られた集合を正規表現で表す．以下では，R_{ij}^n とそれを表現する正規表現を；(セミコロン) で区切った対で表す．図 2.44 の例では，

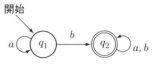

図 **2.44** DFA の具体例

$$R_{11}^0 = \{\varepsilon, a\};\ \boldsymbol{a} + \boldsymbol{\varepsilon}$$
$$R_{12}^0 = \{b\};\ \boldsymbol{b}$$
$$R_{21}^0 = \phi;\ \boldsymbol{\phi}$$
$$R_{22}^0 = \{\varepsilon, a, b\};\ \boldsymbol{\varepsilon} + \boldsymbol{a} + \boldsymbol{b}$$

となる．

つぎに，q_i から q_j への状態推移のうち，途中で経由する状態の添字がすべて 1 以下である推移を引き起こす記号列の集合を R_{ij}^1 と表す．

このような推移は，(a) q_i から直接 q_j へと移るものか，(b) q_i から q_1 に推移し，そこにループがあれば，それを任意回数だけ繰り返して，その後に q_j に移るもののいずれかである．よって，$R_{ij}^1 = R_{ij}^0 \cup R_{i1}^0 (R_{11}^0)^* R_{1j}^0$ と表される．

先ほどの例では，

$$\begin{aligned}
R_{11}^1 &= R_{11}^0 \cup R_{11}^0 (R_{11}^0)^* R_{11}^0 \\
&= \{a, \varepsilon\} \cup \{a, \varepsilon\}\{a, \varepsilon\}^* \{a, \varepsilon\} = \{a\}^*;\ \boldsymbol{a}^*
\end{aligned}$$
$$R_{12}^1 = R_{12}^0 \cup R_{11}^0 (R_{11}^0)^* R_{12}^0 = \{a\}^*\{b\};\ \boldsymbol{a}^* \boldsymbol{b}$$
$$R_{21}^1 = R_{21}^0 \cup R_{21}^0 (R_{11}^0)^* R_{11}^0 = \phi;\ \boldsymbol{\phi}$$
$$R_{22}^1 = R_{22}^0 \cup R_{21}^0 (R_{11}^0)^* R_{12}^0 = \{\varepsilon, a, b\};\ \boldsymbol{\varepsilon} + \boldsymbol{a} + \boldsymbol{b}$$

である．

同様に，途中で経由する状態の添字がすべて 2 以下である推移を引き起こす記号列の集合を R_{ij}^2 と表す．

そのような推移は，(a) q_i から添字が 1 以下の状態のみを通って q_j に達するか，(b) いったん q_2 に到達し，そこに添字が 1 以下の状態のみを通るループがあれば，そこを任意回数だけ繰り返したのち q_j に移るもののいずれかである．

このときの記号列の集合は，$R_{ij}^2 = R_{ij}^1 \cup R_{i2}^1 (R_{22}^1)^* R_{2j}^1$ である．

例では添字は 2 まであるから，この集合によって，q_i から q_j への推移をもたらすすべての記号系列が与えられる．よって R_{12}^2 が受理される言語となる．したがって，

$$R_{12}^2 = R_{12}^1 \cup R_{12}^1 (R_{22}^1)^* R_{22}^1$$

$$= \{a\}^*\{b\} \cup \{a\}^*\{b\}\{\varepsilon,a,b\}^*\{\varepsilon,a,b\}$$
$$= \{a\}^*\{b\}\{a,b\}^*$$

であり，それに対応する正規表現は，

$$a^*b + a^*b(\varepsilon + a + b)^*(\varepsilon + a + b)$$
$$= a^*b(\varepsilon + (\varepsilon + a + b)^*(\varepsilon + a + b))$$
$$= a^*b(\varepsilon + a + b)^*$$
$$= a^*b(a + b)^*$$

となる．（証明終）

2.5 状態数最小のオートマトン

本節では，与えられた決定性有限状態オートマトン M に対して，M と同じ言語を受理する決定性有限状態オートマトンのなかでもっとも状態が少ないものを求める．

2.5.1 状態数最小の決定性有限状態オートマトン

一つの記号 a だけを含むアルファベット $\Sigma = \{a\}$ 上の言語を考えよう．図 2.45 の有限状態オートマトンが受理する言語は $\{\varepsilon, a, aa, aaa, \ldots\}$，すなわち Σ^* そのものである．

この Σ^* はまた，状態がたった一つしかない有限状態オートマトン（図 2.46）が受理する言語でもある．

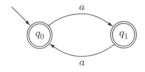

図 2.45 $\Sigma = \{a\}$ のとき Σ^* を受理言語とする最簡ではない DFA

図 2.46 図 2.45 の DFA と等価な状態数最小の DFA

Σ^* を受理する有限状態オートマトンのうちで，このオートマトンは状態数が最小という意味でもっとも簡単なものである．一般に，言語の受理能力的に等価な決定性有限状態オートマトン（DFA）群のうち，状態数がもっとも少ないものを，**状態数最小の DFA** あるいは **最簡 DFA** とよぶ．以下では，最簡 DFA の求め方について詳述する．まず，状態の等価性を定義しよう．

DFA M の二つの状態 p と q が**等価**であるとは，任意の $w \in \Sigma^*$ に対して，

$$(p,w) \vdash_M^* (p',\varepsilon), \quad p' \in F \quad \Leftrightarrow \quad (q,w) \vdash_M^* (q',\varepsilon), \quad q' \in F$$

が成り立つときである（図 2.47）．ここで $A \Leftrightarrow B$ とは，A が成り立てば B が成り立ち，かつ逆に，B が成り立てば A も成り立つことを意味する．すなわち，与えられた DFA の「状態 p と q が等価」とは，任意の語 w に対して，その DFA において，

- p からたどった行先の状態が受理状態なら，q からたどった状態も受理状態であり，
- p からたどった行先の状態が非受理状態なら，q のそれも非受理状態である．
- さらに，それらの逆も成り立つ．

ことである．

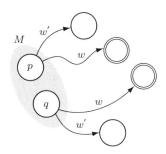

図 2.47　DFA M の二つの状態 p, q の等価性

2.5.2 ● 状態数最小の DFA のつくり方：方針

与えられた DFA M を $M = \langle Q, \Sigma, \delta, q_0, F \rangle$ とする．M と等価な状態数最小の DFA M' を，状態の等価性という関係を用いて，以下のように状態をグループに分ける．すなわち，状態 p と等価な状態からなる集合を $[p]$ とし，この集合 $[p]$ を一つの状態とみなす新たな DFA をつくる．つまり，状態 p と q からそれぞれ出発し，どんな語 w に対しても，たどり着く先が受理状態かそうでないかが同じなら，それら p と q とを同一視してしまおうというわけである．

形式的には，状態数最小の DFA は以下となる．すなわち，状態 p と等価な状態からなる集合を $[p]$ とする．このとき，DFA M に対する**同値類オートマトン**とよばれる M' は，つぎの 5 つ組である．

$$M' = \langle Q', \Sigma, \delta', q_0', F' \rangle$$
$$Q' = \{[q] \mid q \in Q\}$$
$$(\Sigma' = \Sigma)$$
$$q_0' = [q_0]$$

$$F' = \{[q] \mid q \in F\}$$
$$\delta'([q], a) = [\delta(q,a)]$$

　M の状態を等価なものに分け，等価な状態の集合を一つの状態としたものが M' の状態であり，M' の初期状態は M の初期状態 q_0 と等価な状態の集合で，さらに，M' の受理状態は M の各受理状態と等価な状態の集合（の集合）である．M' の状態遷移関数 δ' は $\delta' : ([q], a) \mapsto [\delta(q,a)]$ であり，$[q]$ から a で移る先は，$\delta(q,a)$ と等価な状態の集合である（図 2.48 と図 2.49）．

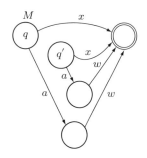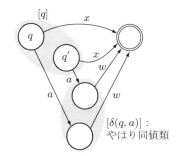

図 2.48　一つの DFA M　　図 2.49　DFA M に対する同値類オートマトン M' を作成する

　等価な状態の集合を一つの「状態」とする DFA を構成すれば，それが最簡オートマトンになることは直感的に正しそうである．状態 q_i と q_j が等価だとすると，Σ 上の任意の記号 a に対して，q_i と q_j から遷移した先のそれぞれの状態は等価である．そのため，等価な状態どうしを一つにまとめるためには，それぞれの状態に対して各入力記号に対する出力を見て，「同じグループ」に遷移するか否かを見てやる．そのような方略をとることにより，最簡 DFA を求めるアルゴリズムが得られる．そのアルゴリズムでは，まず，状態の集合 Q の要素（状態）を受理状態とそうでない状態の 2 グループに分ける．それから，グループに属する状態からの各入力記号に対する遷移先により，各グループを繰り返し細分化する．以下のアルゴリズムでは，n 回目のステップで細分化された状態グループの集合を P_n とする．

最簡 DFA を求める手順：Minimum DFA

1. $P_0 = \{F, Q - F\}$．$n = 0$ とおく．ただし，F はもとの DFA の受理状態の集合である．すなわち，状態を，F の状態と非 F の状態とに分割する．
2. 任意の n について，以下のように P_n の細分化を行い，その結果を P_{n+1} と

する．すなわち，P_n の状態の各グループについて，各入力に対する遷移先が同じグループに行くものとそうでないものとに分割する．
3. $P_n = P_{n+1}$ となるまで手順2を繰り返す．

DFA 最簡化の例を示そう．M を図2.50の状態遷移図をもつ有限状態オートマトンとする．すなわち，

$M = \langle Q, \Sigma, \delta, q_0, F \rangle$

状態の集合 $Q = \{q_0, q_1, q_2, q_3, q_4, q_5\}$
入力アルファベット $\Sigma = \{0, 1\}$
初期状態 q_0
受理状態 $F = \{q_3, q_5\}$
状態遷移関数 δ は表2.9のとおり

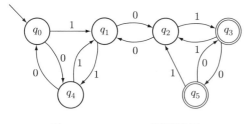

図 2.50 DFA M の状態遷移図

表 2.9 状態遷移関数

状態＼入力記号	0	1
q_0	q_4	q_1
q_1	q_2	q_4
q_2	q_1	q_3
q_3	q_5	q_2
q_4	q_0	q_1
q_5	q_3	q_2

この M の最小化は，まず状態の集合 Q を分割することから出発する．

●手順1

Q を F と非 F とに分割する．

$Q = \{q_0, q_1, q_2, q_3, q_4, q_5\}$
$\Rightarrow Q_1 = \{\{q_0, q_1, q_2, q_4\}, \{q_3, q_5\}\}$

手順1終了．

●手順2（1）

状態のグループ $Q_{11} = \{q_0, q_1, q_2, q_4\}$ と $Q_{12} = \{q_3, q_5\}$ を調べていく．

●手順2（2）

Q_{11} と Q_{12} のそれぞれについて，各状態に対する入力0と1それぞれの遷移先をみる．遷移先の状態が属するグループが同一となるように，グループを細分化する．表

2.10のように，Q_{11} の中では，状態 q_2 だけが入力 1 に対してほかのグループ（Q_{12}）の状態に遷移している．そのため，Q_{11} を $\{q_0, q_1, q_4\}$ と $\{q_2\}$ とに細分化する．

$$Q_1 = \{\{q_0, q_1, q_2, q_4\}, \{q_3, q_5\}\}$$
$$\Rightarrow Q_2 = \{\{q_0, q_1, q_4\}, \{q_2\}, \{q_3, q_5\}\}$$

● 手順 2（3）

同様に，各グループごとの状態に対し，各入力記号での遷移先のグループで各グループを再度細分化する．表2.11のように，状態 q_1 だけが入力 0 に対してほかのグループの状態に遷移しているため，Q_2 中の $\{q_0, q_1, q_4\}$ が $\{q_0, q_4\}$ と $\{q_1\}$ に細分化される．

$$Q_2 = \{\{q_0, q_1, q_4\}, \{q_2\}, \{q_3, q_5\}\}$$
$$\Rightarrow Q_3 = \{\{q_0, q_4\}, \{q_1\}, \{q_2\}, \{q_3, q_5\}\}$$

● 手順 2（4）

これ以上細分化できないので終了する．最終的に，表2.12のようにグループ分けされた．

以上をまとめると，

$$Q = \{q_0, q_1, q_2, q_3, q_4, q_5\}$$
$$\Rightarrow Q_1 = \{\{q_0, q_1, q_2, q_4\}, \{q_3, q_5\}\}$$
$$\Rightarrow Q_2 = \{\{q_0, q_1, q_4\}, \{q_2\}, \{q_3, q_5\}\}$$
$$\Rightarrow Q_3 = \{\{q_0, q_4\}, \{q_1\}, \{q_2\}, \{q_3, q_5\}\}$$

というように，状態のグループとして四つに分けることができた．

得られた DFA は最簡で，その状態は四つである．以下のように，より状態のラベルにふさわしいものに換えた状態遷移図が図2.51である．

表 2.10　手順 2（2）

状態＼入力記号	0	1
q_0	q_4	q_1
q_1	q_2	q_4
q_2	q_1	q_3
q_4	q_0	q_1
q_3	q_5	q_2
q_5	q_3	q_2

表 2.11　手順 2（3）

状態＼入力記号	0	1
q_0	q_4	q_1
q_1	q_2	q_4
q_4	q_0	q_1
q_2	q_1	q_3
q_3	q_5	q_2
q_5	q_3	q_2

表 2.12　手順 2（4）

状態＼入力記号	0	1
q_0	q_4	q_1
q_4	q_0	q_1
q_1	q_2	q_4
q_2	q_1	q_3
q_3	q_5	q_2
q_5	q_3	q_2

$q_A \leftrightarrow \{q_0, q_4\}$

$q_B \leftrightarrow \{q_1\}$

$q_C \leftrightarrow \{q_2\}$

$q_D \leftrightarrow \{q_3, q_5\}$

初期状態は q_0 を含む $q_A = \{q_0, q_4\}$ で，受理状態は F と同じ q_D，さらに状態遷移関数は表 2.13 となる．

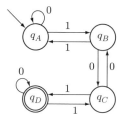

図 **2.51** 図 2.50 の DFA M に対する最簡化された DFA

表 **2.13** 図 2.51 の DFA の状態遷移関数

状態＼入力記号	0	1
q_A	q_A	q_B
q_B	q_C	q_A
q_C	q_B	q_D
q_D	q_D	q_C

Exercise 2.10 状態数最小の決定性有限状態オートマトン

図 2.52 の状態遷移図で表現される有限状態オートマトンと等価な状態数最小の有限状態オートマトンを構成せよ．

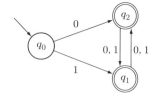

図 **2.52** 状態遷移図

2.5.3 ● 関係・同値関係・同値類

以下では，最簡オートマトンの数学的側面に焦点を当て，手順 Minimum DFA が状態数最小の DFA を算出することを証明する．まず数学的な「関係」を定義する．

集合 X, Y に対して，直積 $X \times Y$ の**部分集合** R のことを**関係**（relation）という．$(x, y) \in R$ のとき，xRy と書く（図 2.53）．とくに，$X \times X$ の部分集合 R を $\boldsymbol{X}$ **上の関係**という．

数学の関係は，一般的な「関係」という言葉がもつ意味の重要な側面をとらえている．たとえば「夫婦関係」という言葉を考えてみると，法的な定義や国語辞典のなか

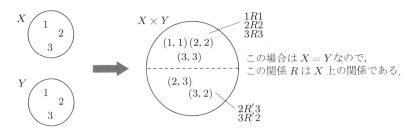

図 2.53 関係 R

の説明は言葉による表現となり，どうしてもあいまいになる．それに対し，数学の関係は，「夫婦関係にあるカップルすべての集合」をもってして夫婦関係と定義する．その集合さえ決まれば，あいまいさはまったくない．

X 上の関係が**同値関係**（equivalence relation）とは，X 上の関係で

　　　反射的：xRx

　　　対称的：xRy ならば yRx

　　　推移的：xRy かつ yRz ならば xRz

の三つを満たすものである（図 2.54）．

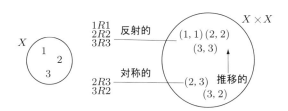

図 2.54 X 上の同値関係の例

関係のうちでも，同値関係は数学において重要な役割を演じる．同値関係は，ある意味において二つの対象が同じである，あるいは同一視できることを表現する．たとえば，整数 3 と 10 は異なる数であるが，7 で割った余りはともに 3 であり，曜日を扱ううえでは「等しい」とみなすほうがよい場合がある．有限状態オートマトンでも，ある条件を満たす状態は，すべて「同じ」ものとみなすと都合がよい場合がある．

● **例題 2.8　同値関係 1**

ある有限状態オートマトンの状態は，$Q = \{q_0, q_1, q_2, q_3, q_4\}$ の五つからなるとする．また，その受理状態は $F = \{q_2, q_4\}$ とする．このとき，Q 上の関係 R_F を，

対の各要素が両方とも F の要素か，あるいは両方とも $Q-F$ の要素であり，かつそうであるものはすべて含んでいる，と定義する．要素を明示して R_F を書き下せ．

○ 解答例

$$R_F = \{(q_0, q_0), (q_1, q_1), (q_2, q_2), (q_3, q_3), (q_4, q_4), (q_0, q_1), (q_0, q_3),$$
$$(q_1, q_3), (q_1, q_0), (q_3, q_0), (q_3, q_1), (q_2, q_4), (q_4, q_2)\}$$

● 例題 2.9　同値関係 2

例題 2.8 の関係 R_F は，Q 上の同値関係であることを証明せよ．

○ 解答例 1

反射的・対称的・推移的であることを直接示す．たとえば，

$(q_0, q_0) \in R_F$ （反射的）など

$(q_0, q_1) \in R_F \Rightarrow (q_1, q_0) \in R_F$ （対称的）など

$(q_0, q_1) \in R_F$ かつ $(q_1, q_3) \in R_F \Rightarrow (q_0, q_3) \in R_F$ （推移的）

○ 解答例 2

関係 R_F は，その要素である対が両方とも F か $Q-F$ であり，かつそのような対はすべて含んでいるので反射的・対称的・推移的である．

Exercise 2.11　同値関係 1

ある有限状態オートマトンの状態が，$Q = \{q_0, q_1, q_2, q_3, q_4\}$ の五つからなるとする．また，その受理状態は $F = \{q_0, q_2, q_4\}$ とする．このとき，Q 上の関係 R_F を，対の各要素が両方とも F の要素か，あるいは両方とも $Q-F$ の要素であり，かつそうであるものはすべて含んでいる，と定義する．要素を明示して R_F を書き下せ．

Exercise 2.12　同値関係 2

Exercise 2.11 の関係 R_F は Q 上の同値関係であることを証明せよ．

集合 S に対して，その上の同値関係を用いると，同値関係にあるものどうしを一つのグループとするように S の各要素をグループ分けできる．すなわち，R を集合 S 上の同値関係とする．このとき，つぎの 1～3 の性質をもつ S の部分集合 $S_i (i = 1, 2, \cdots, m)$ を**同値類**（equivalence class）という（図 2.55）．

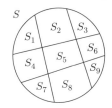

図 2.55 同値関係 S による同値類

1. $S_i \neq \phi$ かつ $i \neq j$ ならば，$S_i \cap S_j = \phi$.
2. S_i の各元 a, b に対して aRb.
3. $i \neq j$ ならば，S_i の各元 a と S_j の各元 b に対して aRb は成り立たない.

集合 S は，同値類 S_i の和 $\bigcup_{i=1}^{m} S_i$ として表される．同値類の個数を**指数**という．とくに，同値類の個数が有限の場合は，その関係は**有限の指数をもつ**という．

性質 1 は，異なる二つ（以上の）グループに属する要素はないことを主張している．性質 2 は，同一のグループ中の要素どうしは R の関係にあり，性質 3 は，異なるグループに属する要素どうしは R の関係ではないことを表している．

例 2.11 同値類

自然数全体を集合 $\mathbb{N}$ として，

S_0 は，3 で割り切れる自然数の集合
S_1 は，3 で割ると 1 余る自然数の集合
S_2 は，3 で割ると 2 余る自然数の集合

とする．

$x, y \in \mathbb{N}$ に対し，R を $x - y$ が 3 の倍数なる $\mathbb{N}$ 上の関係とすると，S_0, S_1, S_2 は $\mathbb{N}$ の同値類となり，$\mathbb{N} = S_0 \cup S_1 \cup S_2$ となる（図 2.56）．同値類の個数が有限なので，R は有限の指数をもつ．

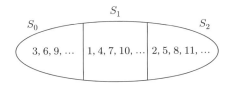

図 2.56 二つの自然数の差が 3 の倍数なる関係 R による同値類．
$N = S_0 \cup S_1 \cup S_2$ となる

● 例題 2.10　同値関係 3
例題 2.8 において，同値関係 R_F により，Q を同値類に分けよ．

○ 解答例
$Q = (Q - F) \cup F = \{q_0, q_1, q_3\} \cup \{q_2, q_4\}$

Exercise 2.13　同値関数 3

自然数全体を集合 $\mathbb{N}$ とする．$x, y \in \mathbb{N}$ とし，関係 R を「$x - y$ が 4 の倍数である」と定義する．$\mathbb{N}$ を関係 R により分割せよ．

Exercise 2.14　同値関数 4

Exercise 2.11 の同値関係 R_F により，以下の Q を同値類に分けよ．

$Q = \{q_0, q_1, q_2, q_3, q_4\}$

集合 X 上の二つの同値関係 R_1, R_2 について，R_1 の各同値類が R_2 のどれかの同値類に含まれるとき，R_1 の同値類は R_2 の同値類の**細分化**とよばれる．たとえば，R_1 を「$x-y$ が 6 の倍数である」，また，R_2 を「$x-y$ が 3 の倍数である」という自然数の集合 $\mathbb{N}$ 上の二つの同値関係とすると，R_1 の同値類は R_2 のそれの細分化となっている．これは，図 2.57 を参照していただくとわかりやすいと思う．

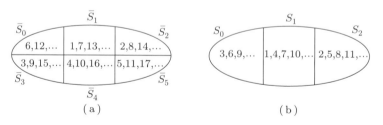

図 2.57　(a)「二つの自然数の差が 6 の倍数である」という同値関係 R_1 による同値類．(b)「二つの自然数の差が 3 の倍数である」という同値関係 R_2 による同値類．たとえば，関係 R_2 による同値類 S_0 は 3 の倍数であり，関係 R_1 による同値類 $\overline{S}_0$（6 の倍数）と $\overline{S}_3$（6 で割ったら 3 余る数）との和集合，すなわち，$S_0 = \overline{S}_0 \cup \overline{S}_3$ となっている．同様に，$S_1 = \overline{S}_1 \cup \overline{S}_4$, $S_2 = \overline{S}_2 \cup \overline{S}_5$ であり，R_1 の同値類は R_2 のそれの細分化となっている

2.5.4 ● Σ^* 上の同値関係

さて，以下で与える証明で決定的な役割を演じる Σ^* 上の同値関係を二つ挙げよう．まず，言語 L による Σ^* 上の関係 R_L は，言語 L を使った語の分類を行うもので，以

下で定義される．すなわち，L を Σ 上の任意の言語としたとき，Σ^* の任意の元 x, y に対して，

$$xR_Ly \quad \Leftrightarrow \quad 各 z \in \Sigma^* に対し, xz と yz がともに L に属するか，$$
$$またはともに L に属さない．$$

この関係 R_L が Σ^* 上の同値関係であることを示すことは簡単である．すなわち，まず，同値関係であるための条件のうち，反射的「xR_Lx」と対称的「xR_Ly ならば yR_Lx」が成り立つことは自明である．「xR_Ly と yR_Lz が成り立つ」とき，任意の $w \in \Sigma^*$ に対して $xw, yw, zw \in L$ となるか，$xw, yw, zw \notin L$ である．よって，「xR_Lz」となり，R_L が推移的であることがいえる．関係 R_L が同値関係であることが示されたので，R_L により Σ^* は同値類に分けられる（図 2.58）．後でわかるが，L がある有限状態オートマトンで受理されるとしたとき，図 2.59 に例示するように，関係 R_L による Σ^* の同値類一つひとつが，L を受理する最簡オートマトンの状態に対応する．

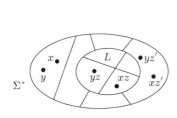

図 2.58 Σ^* の任意の元 x, y に対する言語 L を使った Σ^* 上の同値関係による同値類

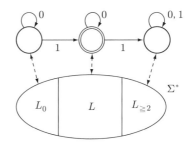

図 2.59 1 を一つだけ含む語からなる $\Sigma = \{0, 1\}$ 上の言語 L による関係 R_L に関する Σ^* 上の同値類と，L を受理する最簡オートマトンの状態の対応．L_0 は 1 を一つも含まない言語で，$L_{\geqq 2}$ は 1 を二つ以上含む言語

つぎに，決定性有限状態オートマトン M による Σ^* 上の関係である R_M を与えよう．まず，$M = \langle Q, \Sigma, \delta, q_0, F \rangle$ を DFA としたとき，状態と語の対から状態への写像 $\widehat{\delta}\colon Q \times \Sigma^* \to Q$ を定義する．すなわち，$(q_0, x) \vdash_M^* (q, \varepsilon)$ なる q を $\widehat{\delta}(q_0, x)$ とする．このとき，関係 R_M は以下で定義される（図 2.60）．Σ^* の任意の元 x, y に対して，

$$xR_My \quad \Leftrightarrow \quad \widehat{\delta}(q_0, x) = \widehat{\delta}(q_0, y)$$

すなわち，語 x, y が関係 R_M にあるのは，$\widehat{\delta}(q_0, x) = \widehat{\delta}(q_0, y)$ であるとき，かつそ

のときに限るのである．$\hat{\delta}(q_0, x)$ は，決定性有限状態オートマトン M において，状態 q_0 からスタートして，語 x を左から読んで遷移関数 δ に従って状態を換えていき，読み終ったときの状態を指す．M は決定性としているので，このような状態は x によって一意に定まる．δ と $\hat{\delta}$ の違いに注意してほしい．δ は状態と<u>記号</u>から状態への写像であり，$\hat{\delta}$ は状態と<u>語</u>（<u>記号列</u>）から状態への写像である．

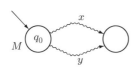

図 2.60　Σ^* の任意の元 x，y に対して DFA M を用いた Σ^* 上の同値関係

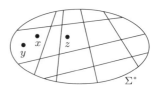

図 2.61　Σ^* 上の同値関係 R_M による同値類．$\hat{\delta}(q_0, x) = \hat{\delta}(q_0, y)$, $\hat{\delta}(q_0, x) \neq \hat{\delta}(q_0, z)$

関係 R_M が Σ^* 上の同値関係であることも簡単に示せる．まず，反射的であることは $\hat{\delta}(q_0, x) = \hat{\delta}(q_0, x)$ で自明，対称的であることも $\hat{\delta}(q_0, x) = \hat{\delta}(q_0, y)$ なら $\hat{\delta}(q_0, y) = \hat{\delta}(q_0, x)$ なので自明である．推移的であることも，$\hat{\delta}(q_0, x) = \hat{\delta}(q_0, y) = \hat{\delta}(q_0, z)$ なので明らかである．よって，Σ^* は R_M により同値類に分割される（図 2.61）．

とりわけ，R_M の定義によって，一つの同値類を，q_0 から達し得る一つの状態に対応させることができる．したがって，一般には複数ある受理状態に対応する同値類の和集合が DFA M によって受理される言語 L を与える．また，M の状態数は有限なので，同値類の数ももちろん有限であり，R_M は有限の指数をもつ．いかなる語 $w \in \Sigma^*$ によっても q_0 から到達できない状態も M は含みうるので，R_M の指数，すなわち同値類の数は M の状態数以下であることに注意してほしい．すぐ後で述べる Myhill–Nerode の定理で明らかになるが，図 2.62 に示すように，R_M による Σ^* の同値類の一つひとつは M の状態に対応しており（ただし，M のほうが余分な状態をもつこともある），さらに，R_M の同値類は R_L の同値類の細分化となっている．

つぎに，関係についての性質である**右不変**（right invariant）を定義する．すなわち，Σ^* 上の同値関係 R において，xRy ならば $xzRyz$ という性質があるとき（図 2.63），R は（連接に関して）**右不変**な関係であるという．xR_My とすると $\hat{\delta}(q_0, x) = \hat{\delta}(q_0, y)$ なので，Σ^* の任意の要素 z に対して，$\hat{\delta}(q_0, xz) = \hat{\delta}(q_0, yz)$ が成り立つ．よって，R_M は右不変である．

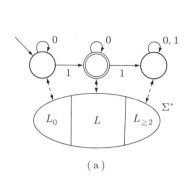
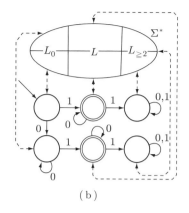

図 2.62 (a) 1を一つだけ含む語からなる，$\Sigma = \{0,1\}$ 上の言語 L を受理する最簡でない有限状態オートマトン M の状態と，M による Σ^* 上の同値関係 R_M による同値類の対応．(b) L を受理する最簡オートマトンの各状態と，L による Σ^* 上の同値関係 R_L による同値類の対応関係．R_M による同値類は，R_L による同値類の細分化となっている

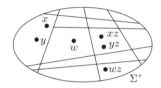

図 2.63 同値関係の右不変性．xRy なら，どんな $z \in \Sigma^*$ に対しても $xzRyz$ となる．しかし，xRw でないなら，ある $z \in \Sigma^*$ に対して $xzRwz$ とならない

2.5.5 ● Minimum DFA の正当性

以上の準備のもと，手順 Minimum DFA の正当性を示すための鍵となる以下の定理を証明する．

Myhill–Nerode の定理

つぎの三つの命題は等価である．

(ⅰ) アルファベット Σ 上の言語 L が DFA で認識される．

(ⅱ) 言語 L は，ある右不変でかつ有限指数である Σ^* 上の同値関係における同値類のうちのいくつかの和集合である．

(ⅲ) 言語 L に対し，関係 R_L は有限指数である．

[証明] Myhill–Nerode の定理の証明は，命題 (ⅰ) が成立すると仮定して (ⅱ) を示し，(ⅱ) が成立すると仮定して (ⅲ) が成り立つことを示し，さらに (ⅲ) を仮定して (ⅰ) が成立することを示せばよい．

最初に (iii) ⇒ (i) を証明しよう．まず，R_L が右不変であることを示す．いま，xR_Ly と仮定する．任意の語 $z \in \Sigma^*$ に対し，$z = uv, u, v \in \Sigma^*$ とおくと，R_L の定義から，$xuv \in L$ のとき，かつこのときに限り，$yuv \in L$ である．z は任意であり，それゆえ u も v も任意の語と考えることができるので，xuR_Lyu が成り立つ．すなわち，R_L は右不変である．

さて，R_L の同値類を用いて L を受理する DFA M' を以下のように構成する．まず，語 $x \in \Sigma^*$ を含む同値類に対応して状態 $[x]$ を定義し，$\delta([x], a) = [xa]$ とする．ただし，$a \in \Sigma$ であり，x と a の連接 xa を含む R_L による同値類が $[xa]$ である．R_L は有限の指数をもつので，状態数は有限である．ここで，x と同じ同値類に属するほかの語を y としよう．このとき，$[x] = [y]$ であり，M' の δ の定義から，$\delta([y], a) = [ya]$ となる．R_L は右不変なので，$[xa] = [ya]$ となり，整合性が保たれる．M' の初期状態を $[\varepsilon]$ として，最終状態を，Σ^* のうちの L の要素を含む同値類に対応させて定義する．この定義のもとで，任意の $x \in \Sigma^*$ に対して，M' は $[\varepsilon]$ から出発して $[x]$ に状態遷移することを容易に示せる．よって，$x \in L$ であるとき，かつそのときに限り，x は M' によって受理される．

つぎに (i) ⇒ (ii) を示す．L を受理する DFA M に対し，関係 R_M を考えれば，先に示したように，それは右不変かつ有限指数な同値関係で L を同値類の和で表せる．

最後に (ii) ⇒ (iii) を証明しよう．(ii) の右不変な同値関係を R とする．R は右不変であるから，xRy である語 x, y と任意の語 z に対して，$xzRyz$ が成り立つ．また，(ii) の前提により，言語 L は同値関係 R のいくつかの同値類の和集合であるから，xRy のとき，$x, y \in L$ または $x, y \notin L$ のどちらかである．したがって，$xz \in L$ と $yz \in L$ とは，同時に成り立つか否かのいずれかである．よって，xR_Ly が成り立つ．それゆえ，R の同値類は，R_L のいずれかの同値類に含まれる．すなわち，R の同値類は，R_L の同値類を分割して得られる．さらに，R は有限指数をもつので，R_L も有限指数をもつ．（証明終）

定理

Myhill – Nerode の定理の証明中の同値類オートマトン M' は，もとの DFA M と同じ言語を受理する最簡オートマトンである．

[証明]　DFA M の受理言語を L とする．M の状態数は，同値関係 R_M を導入したときに注意したように，R_M による同値数の数（指数）以上である．また，Myhill – Nerode の定理と，とりわけその (ii) から (iii) を主張する証明により，そのような同値類は，同値関係 R_L による同値類の細分化である．同値類オートマトン M' の状態数は R_L による同値類の個数なので，M' の状態数は最小である．（証明終）

> **定理**
> 与えられた DFA M に対し，手順 Minimum DFA は，M と同じ言語を受理する状態数最小の DFA を算出する．

[証明] まず，DFA M において二つの状態が等価であるという関係は，M の状態集合 Q 上の同値関係であることは簡単に示せる．よって，M の状態の集合は状態の等価関係によって同値類に分割される．手順 Minimum DFA によって分割された状態の各グループについて見てみると，各グループのどの状態からも，各アルファベット記号により同一のグループに属する状態にしか遷移しない．また Minimum DFA は，受理状態すべてのグループと，非受理状態すべてのグループの 2 グループの分割から出発してそれらを細分化するので，細分化されたグループの各状態は，グループごとに受理状態か非受理状態のどちらかに決まっている．すなわち，各グループ内の状態はどれも等価である．いま，状態 p と q とは等価であるとする．$\widehat{\delta}(q_0,x) = p, \widehat{\delta}(q_0,y) = q$ である任意の語 x, y に対して，xR_Ly が成り立つ．状態の等価関係の同値類を $[p]$ と表し，語の集合 $W_{[p]}$ を，$W_{[p]} = \{x \mid \widehat{\delta}(q_0,x) \in [p]\}$ と定義すると，$W_{[p]}$ に属する任意の二つの語 y, z に対して yR_Lz が成り立つ．したがって，$W_{[p]}$ は R_L の一つの同値類に含まれる．

逆に，R_L の同値類の一つを $[x]$ としよう．そのとき，任意の二つの語 y, z に対して，状態 $\widehat{\delta}(q_0, y)$ と $\widehat{\delta}(q_0, z)$ とは等価となる．したがって，$[x]$ のすべての要素がもたらす q_0 からの遷移先は，状態の等価関係の同一の同値類に属する．ゆえに $W_{[p]} = [x]$ となって，$[x]$ の集合と $[p]$ の集合とは 1 対 1 対応する．

以上により，同値類 $[x]$ の代りに同値類 $[p]$ を用いることができる．よって，直前の定理より，同値類 $[p]$ を算出する Minimum DFA は状態数最小の DFA を出力する．
（証明終）

 ## 2.6 ポンプの補題

ある与えられた言語 L に対して，有限状態オートマトンが存在しないような場合がある．L を受理する有限状態オートマトンが確かに存在しないことを証明するのに，つぎの定理がよく用いられる．

> **ポンプの補題**（pumping lemma）
> 有限状態オートマトンが受理する言語 L に対して，つぎの条件を満たす定数 n が存在する．すなわち，z が L に属する語で $|z| \geqq n$ ならば，適当な語 u, v，

w を選んで，つぎを満たすようにすることができる．

$$z = uvw, \quad |uv| \leqq n, \quad |v| \geqq 1, \quad uv^i w \in L \quad (i \geqq 0)$$

この n は，L を受理する最簡 DFA の状態数を超えない．

1 回読んだだけでは何を主張しているのかなかなかつかみづらい定理である．ここでは，ポンプの補題の証明（の心）を通してこの定理を理解してみたい．この定理が意味することは，与えられた有限状態オートマトンの状態数を超えている長さの語をそのオートマトンに入力すると，図 2.64 に示されるように，状態遷移中に 2 度以上訪れる状態が必ず存在する，ということである（鳩の巣原理）．すなわち，言語 L を受理する DFA の状態数 n よりも長い語が L にあれば，その DFA がその語を受理する途中に，同じ状態を 2 回以上通過する．たとえば $u = a_1 a_2$，$v = a_3 a_4 a_5$，$w = a_6 \cdots a_m$ $(m > n)$ とし，2 度以上通る状態を q_5 とすれば，$uv^i w \in F \quad (i = 0, 1, \dots)$ となる（図 2.65）．ポンプの補題は以上のことを形式的に書き下している．

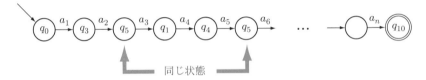

図 2.64 状態遷移中に 2 度以上訪れる状態が存在する

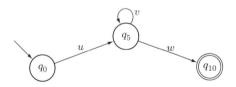

図 2.65 記号列 uvw，$u = a_1 a_2$，$v = a_3 a_4 a_5$，$w = a_6 \cdots a_m$ を受理する DFA の状態遷移図の一部

なお，鳩の巣原理とは，「n 個の巣箱に $n+1$ 羽の鳩がいるとするならば，どこか一つの巣箱には 2 羽の鳩が入っている」という公理である．

● **例題 2.11　ポンプの補題**
アルファベットを $\Sigma = \{0, 1\}$ とする．このとき，0 と 1 が同数のすべての記号列からなる言語 L を受理する有限状態オートマトンは存在しないことを証明せよ．

○ 解答例
（背理法）そのような有限状態オートマトン A が存在したと仮定する．ポンプの補題より，ある n が存在し，z が $|z| \geq n$ を満たす L の語であれば，適当な語 u, v, w を選んで，つぎの式を満たすようにすることができる．

$$z = uvw, \quad |uv| \leq n, \quad |v| \geq 1, \quad uv^i w \in L \quad (i \geq 0)$$

さて，有限状態オートマトン A に対して，n をポンプの補題でその存在が主張される整数とする．そのとき，$z = \overbrace{00\cdots0}^{n}\overbrace{11\cdots1}^{n}$（0 が n 個，1 も n 個）は，0 と 1 の個数がともに n であり等しいので L の語であり，仮定より A はこれを受理する．さらに，z は $|z| \geq n$ を満たすので，ポンプの補題が主張するように $z = uvw$, $|uv| \leq n$, $|v| \geq 1$ と分解できる．$|uv| \leq n$ なので，uv は 0 だけからなる語である．よって，v も 0 だけからなる語である．それゆえ，u の長さは n より小さい．一方，$i = 0$ である uw は，ポンプの補題の主張から L の語であり，w は n 個の 1 を含むのに対して，u は n より小さい数の 0 しか含まない．すなわち，uw の 0 の個数は 1 の個数よりも小さいにもかかわらず，L の語である．これは L の定義と矛盾する．（証明終）

Exercise 2.15　ポンプの補題
$L = \{0^i 1^i \mid i = 0, 1, \ldots\}$ は，どのような有限状態オートマトンでも受理できないことを示せ．

Exercise 2.16　有限状態オートマトン？
アルファベット $\Sigma = \{0, 1\}$ に対し，0 と 1 が同数のすべての記号列からなる言語を受理する有限状態オートマトンを構成せよ．

第3章 文法

 これまでは，有限状態オートマトンを中心とした状態機械とそれが受理する言語を紹介してきた．第1章で述べたように，言語を数学的に扱う道具には，状態機械のほかに形式文法がある．状態機械は文字どおり計算する機械を抽象化し，言語を数学的に扱う仕組みを提供する．それに対して形式文法は，「文というものは主語と述語からなる」といったことを記述する，英語の文法や日本語の文法といった文法を数学的に記述する枠組みを提供する．以下しばらくは形式文法の話となる．やはり形式言語を扱うので，出てくる記号はオートマトンの説明で出てきたものときわめて類似しているが，意味合いがずいぶんと異なるので注意していただきたい．

 はじめに形式文法の一般論を展開する．本章の後半で制限された形の文法，正規文法を導入し，正規文法と有限状態オートマトンが言語の生成・受理という点で等価であることを示す．

3.1 文法と言語

 言語を表現する方法の一つとして，**形式文法**（formal grammar）がある．以下では，形式文法を簡単に文法とよぶ．文法を利用すると，その文法がもつ規則に従って文をつくり出す（生成）ことができる．逆に，文法を利用して，与えられた文が言語に属するか否かを判断（認識）できる（図 3.1）．

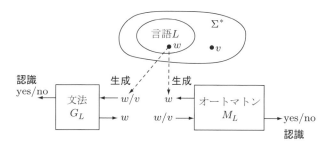

図 3.1 文法・言語・オートマトンの関係．文法もオートマトンも，ある言語の文を生成し，あるいは文を認識するのに用いられる

3.1.1 ●形式文法

まず，文法の直観的な例を挙げよう．図 3.2 は 7 個の規則をもつ文法の例である．一番最初の規則「文 → 主語 動詞 目的語」は，「文」というものが「主語」と「動詞」と「目的語」という順の並びであることを表している．また，つぎの「主語 → I」は「主語」（の一つ）は I であることを表し，規則「動詞 → like」は「動詞」（の一つ）は like であることを表している．

$$
\begin{array}{ll}
\text{文} \to \text{主語 動詞 目的語} & \\
\text{主語} \to \text{I} & \text{主語} \to \text{You} \\
\text{動詞} \to \text{like} & \text{動詞} \to \text{hate} \\
\text{目的語} \to \text{Tom} & \text{目的語} \to \text{Bill}
\end{array}
$$

図 3.2 文法規則の例

この規則の集まりを使って，この文法にのっとった文をつぎのように生成することができる．すなわち，「文」という記号から始めて，矢印の左辺に「文」がある規則である最初の規則をとり，「文」記号をその規則の右辺に置き換え，「主語 動詞 目的語」とする．つぎに，このなかの三つのどれかにつき，それを左辺にもつ規則のどれかを取り，右辺に置き換える．下の文の導出の例 1 は，矢印の左辺に同じ記号をもつ規則のうち，最初の規則を適用して文 "I like Tom" を導いたものである．

例 1. 文 ⇒ 主語 動詞 目的語 ⇒ I 動詞 目的語 ⇒ I like 目的語 ⇒ I like Tom

また，つぎの例 2 は，矢印の左辺に同じ記号をもつ規則のうち，2 番目の規則を適用して文 "You hate Bill" を導いたものである．

例 2. 文 ⇒ 主語 動詞 目的語 ⇒ You 動詞 目的語 ⇒ You hate 目的語
　　　　⇒ You hate Bill

では，文法の形式的定義を与えよう．**文法** G はつぎの 4 つ組である．

$G = \langle N, \Sigma, P, S_0 \rangle$

　　N：記号の有限集合（= 非終端アルファベット）．この要素を**非終端記号** (non-terminal symbol) という．

　　Σ：記号の有限集合（= アルファベット）．この要素を**終端記号** (terminal symbol) という．

　　P：**書き換え規則** (rewriting rule) の有限集合．**生成規則** (production rule, derivation rule) ともいう．書き換え規則は，$u \to v$ の形式（ただし，

> $u, v \in (N \cup \Sigma)^*$），つまり，$u$ と v は非終端記号と終端記号をいくつか並べた記号列である．
> $S_0 \in N$：**初期記号**（initial symbol）．**開始記号**ともいう．

以降では $(N \cup \Sigma)^*$ という表現がよく出てくるので注意をしておくと，これは，N の要素である記号と，Σ の要素の記号を有限個並べた記号列のすべてを含む集合である．三つほど文法の例を挙げる．それぞれの文法がどのような語を生成するかについては，次項で詳しく述べる．

例 3.1 文法 1

$G_1 = \langle N, \Sigma, P, S_0 \rangle$
$N = \{S_0, S_1, S_2\}$
$\Sigma = \{a\}$
$P = \{S_0 \to aS_1,\ S_1 \to aS_2,\ S_2 \to aS_0,\ S_2 \to a\}$

例 3.2 文法 2

$G_2 = \langle N, \Sigma, P, S_0 \rangle$
$N = \{S_0, S_1\}$
$\Sigma = \{a\}$
$P = \{S_0 \to aaS_1,\ S_1 \to aaS_1,\ S_1 \to \varepsilon\}$

例 3.3 文法 3

$G_3 = \langle N, \Sigma, P, S_0 \rangle$
$N = \{S_0, A, B\}$
$\Sigma = \{a\}$
$P = \{S_0 \to aAB,\ aAB \to aBAa,\ A \to a,\ B \to aa\}$

3.1.2 ●語（文）の導出と言語

記号列 $w = xuy \in (\Sigma \cup N)^*$（ただし，$x, u, y \in (\Sigma \cup N)^*$）に対し，規則 $u \to v \in P$ があるとき，$w = xuy$ は xvy に書き換えられる．これを $xuy \Rightarrow xvy$ と書く．記号列 w から始めて同様の書き換えを複数回（有限回）行って記号列 $\widehat{w}$ になることを，$w \Rightarrow^* \widehat{w}$ と書く．すなわち，$\Rightarrow$ の推移的閉包を $\Rightarrow^*$ と書く．初期記号 S_0 に対して

$S_0 \Rightarrow^* \widehat{w}$ かつ $\widehat{w} \in \Sigma^*$ のとき，この書き換えを語 $\widehat{w}$ の **導出**（derivation）という．または，$\widehat{w}$ が導出されたという．導出された語 $\widehat{w}$ は，終端記号だけからなることに注意してほしい．

● 例題 3.1　文法 1

$G = \langle N, \Sigma, P, S_0 \rangle$

$\quad \Sigma = \{a\}$

$\quad N = \{S_0, A, B\}$

$\quad P = \{S_0 \to aAB, aAB \to aBAa, A \to a, B \to aa\}$

に対し，G での $w = aaaaa$ の導出を示せ．

○ 解答例

S_0 から出発して，P の中の規則の矢印の左辺があれば，それを右辺で置き換えていく．

$$S_0 \Rightarrow aAB \Rightarrow aBAa \Rightarrow aaaAa \Rightarrow aaaaa$$

● 例題 3.2　文法 2

つぎの文法 G_1 での $w = aaaaaa$ の導出を示せ．

$G_1 = \langle N, \Sigma, P, S_0 \rangle$

$\quad N = \{S_0, S_1, S_2\}$

$\quad \Sigma = \{a\}$

$\quad P = \{S_0 \to aS_1, S_1 \to aS_2, S_2 \to aS_0, S_2 \to a\}$

○ 解答例

$$S_0 \Rightarrow aS_1 \Rightarrow aaS_2 \Rightarrow aaaS_0 \Rightarrow aaaaS_1 \Rightarrow aaaaaS_2 \Rightarrow aaaaaa$$

Exercise 3.1　文法 1

つぎの文法 G での $w = aaaaaaaaa$ の導出を示せ．

$G = \langle N, \Sigma, P, S_0 \rangle$

$\quad N = \{S_0, S_1\}$

$\quad \Sigma = \{a\}$

$\quad P = \{S_0 \to aaaS_1, S_1 \to aaaS_1, S_1 \to \varepsilon\}$

w の導出 $S_0 \Rightarrow^* w$ の途中である $S_0 \Rightarrow \cdots \Rightarrow w' \Rightarrow \cdots \Rightarrow w$ においては，w' は Σ 上の語ではなく，$w' \in (\Sigma \cup N)^*$ となる．こうした w' を**中間語** (intermediate word) という．

文法 G によって**生成される言語** (language generated by G) $L(G)$ は，

$$L(G) = \{w \in \Sigma^* \mid S_0 \Rightarrow^* w\}$$

で定義される．

● 例題 3.3 文法 3
言語 $L = \{a^{3i} \mid i = 1, 2, 3, \ldots\}$ を生成する文法を構成せよ．

○ 解答例
構成の考え方はいくつかある．たとえば，L の要素は記号 a だけからなるので $\Sigma = \{a\}$ であり，また，3 の倍数個の a の記号列の集まりであるので，非終端記号を三つ用意して，それを S_0, S_1, S_2 とする．規則は，$S_0 \to aS_1$ というように，規則一つにつき a を一つ生成するものを三つ作成し，S_2 だけは $S_2 \to aS_0$ と S_0 にもどるものと，$S_2 \to a$ で終了するものをつくる．よって，文法 G は以下となる．

$$G = \langle N, \Sigma, P, S_0 \rangle$$
$$N = \{S_0, S_1, S_2\}$$
$$\Sigma = \{a\}$$
$$P = \{S_0 \to aS_1, \ S_1 \to aS_2, \ S_2 \to aS_0, \ S_2 \to a\}$$

● 例題 3.4 文法 4
つぎの文法 G_2 が生成する言語は何か．

$$G_2 = \langle N, \Sigma, P, S_0 \rangle$$
$$N = \{S_0, S_1\}$$
$$\Sigma = \{a\}$$
$$P = \{S_0 \to aaS_1, \ S_1 \to aaS_1, \ S_1 \to \varepsilon\}$$

○ 解答例
繰り返し適用される規則は $S_1 \to aaS_1$ だけであり，それが 1 回適用されると，生成される語が aa だけ長くなる．また，$S_1 \to aaS_1$ を 1 回も用いずに $S_1 \to \varepsilon$ を使うと，生成される語は aa となる．よって，つぎのようになる．

$$L(G_2) = \{a^{2i} \mid i = 1, 2, 3, \ldots\}$$

● **例題 3.5　文法 5**

つぎの文法 G_3 が生成する言語 $L(G_3)$ を求めよ．

$G_3 = \langle N,\ \Sigma,\ P,\ S_0 \rangle$
$\Sigma = \{a\}$
$N = \{S_0,\ A,\ B\}$
$P = \{S_0 \to aAB,\ aAB \to aBAa,\ A \to a,\ B \to aa\}$

○ **解答例**

文法 G_3 が導出する語は $aaaa$ と $aaaaa$ だけである．

$$L(G_3) = \{aaaa,\ aaaaa\}$$

Exercise 3.2　文法 2

つぎの文法 G が生成する言語は何か．

$G = \langle N,\ \Sigma,\ P,\ S_0 \rangle$
$N = \{S_0,\ S_1\}$
$\Sigma = \{a\}$
$P = \{S_0 \to aaaS_1,\ S_1 \to aaaS_1,\ S_1 \to \varepsilon\}$

Exercise 3.3　文法 3

言語 $L = \{a^{2i} \mid i = 1, 2, 3, \ldots\}$ を生成する文法を構成せよ．

以上の例や演習問題からもわかるように，有限の記号体系（文法）で，無限の要素をもつ集合（言語）の各要素を生成できるところに注意してほしい．

3.2　正規文法と正規言語

規則がつぎの形のものだけからなる文法を **正規文法**（regular grammar：RG），または **正則文法**，ないしは **3 型文法** という．

> $A \to aB$ あるいは $A \to a$
> ただし，$A, B \in N$，$a \in \Sigma$ であり，例外として開始記号 S_0 に対して $S_0 \to \varepsilon$ も許される．

正規文法が生成する言語を **正規言語**（regular language：RL）あるいは **正則言語**，ないしは **3 型言語** という．

以下で「クラス」という言葉が出てくるが,「集まり」という意味と考えてさしつかえない．図3.3に示すように,正規文法の集まり（クラス）は文法全体のクラスの一部である．また正規言語のクラスは,文法が生成する言語全体の集まりの一部である．

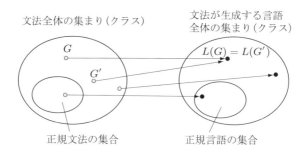

図 **3.3** 文法と文法が生成する言語との関係

さて,文法と有限状態オートマトンの関係を考えていこう．たとえば,言語 $L = \{a^{3i} \mid i = 0, 1, 2, 3, \ldots\}$ は図3.4の有限状態オートマトンで受理される．

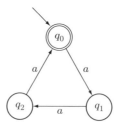

図 **3.4** 言語 $L = \{a^{3i} \mid i = 0, 1, 2, \ldots\}$ を受理する有限状態オートマトン

一方,つぎの正規文法 G を考える．

$G = \langle N, \Sigma, P, S_0 \rangle$
$N = \{S_0, S_1, S_2\}$
$\Sigma = \{a\}$
$P = \{S_0 \to \varepsilon,\ S_0 \to aS_1,\ S_1 \to aS_2,\ S_2 \to aS_0,\ S_2 \to a\}$

この文法 G が生成する言語は,やはり $L = \{a^{3i} \mid i = 0, 1, 2, \ldots\}$ である（例題3.3を見よ）．上記の有限状態オートマトンと文法 G を見比べると,オートマトンの状態と, G の非終端記号を以下のような対応

$q_0 \longleftrightarrow S_0, \quad q_1 \longleftrightarrow S_1, \quad q_2 \longleftrightarrow S_2$

また，オートマトンの状態遷移と，G の生成規則に以下のような対応

$$\delta(q_0, a) = q_1 \longleftrightarrow S_0 \to aS_1, \quad \delta(q_1, a) = q_2 \longleftrightarrow S_1 \to aS_2$$

$$\delta(q_2, a) = q_0 \longleftrightarrow S_2 \to aS_0$$

さらに，オートマトンの受理状態へ向かう状態遷移と，G の規則 $S_2 \to a$ との対応が見えてくる．

> **定理**
> 　有限状態オートマトンが受理する言語のクラスと，正規言語のクラスは一致する．すなわち，$\{L(M) \mid M \text{ は有限状態オートマトン}\} = \{L(G) \mid G \text{ は正規文法}\}$ が成り立つ．

[証明の方針]
(1) 任意の（決定性）有限状態オートマトン M に対して，$L(M) = L(G)$ となる正規文法 G を提示する．
(2) 任意の正規文法 G に対して，$L(G) = L(M)$ となる（非決定性）有限状態オートマトン M を提示する．

[証明 (1)] ある DFA $M = \langle Q, \Sigma, \delta, q_0, F \rangle$ に対して，正規文法 G をつぎのとおりにつくればよい．

$\quad G = \langle N, \Sigma, P, q_0 \rangle$
$\quad\quad N = Q$
$\quad\quad P$ は以下のように決める．すなわち，
$\quad\quad$遷移 $q' = \delta(q, a)$ $(a \in \Sigma, q \in Q)$ に対し，規則 $q \to aq'$ を P に含める．
$\quad\quad$さらに，
$\quad\quad$遷移 $q' = \delta(q, a) \in F$ $(a \in \Sigma, q \in Q)$ に対し，規則 $q \to a$ を P に含める．
$\quad\quad$また，$q_0 \in F$ であれば，規則 $q_0 \to \varepsilon$ を P に含める．

このようにして構築した文法 G が生成する言語 $L(G)$ が，M の受理言語 $L(M)$ と同じになることは，$L(M)$ に含まれる語 w の長さに関する帰納法で示すことができる．

[証明 (2)] 正規文法 $G = \langle N, \Sigma, P, S_0 \rangle$ に対して，つぎの ε 動作をもつ NFA M をつくればよい．

$\quad M = \langle Q, \Sigma, \delta, S_0, F \rangle$
$\quad\quad Q = N \cup \{q_f\}$
$\quad\quad F = \{q_f\}$

δ はつぎのとおりに決める（図 3.5）.

規則 $A \to aB$ $(A, B \in N, a \in \Sigma)$ に対し，
$B \in \delta(A, a)$

規則 $A \to a$ $(A \in N, a \in \Sigma)$ に対し，
$q_f \in \delta(A, a)$

規則 $S_0 \to \varepsilon$ があれば $q_f \in \delta(S_0, \varepsilon)$

詳細は省くが，やはり $L(M) = L(G)$ となることを帰納法で示せる．

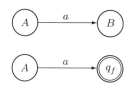

図 3.5　正規文法から NFA を生成するときの δ の決定

例 3.4　DFA から正規文法をつくる

図 3.6 の DFA から正規文法をつくる．

$G = \langle N, \Sigma, P, q_0 \rangle$

$\Sigma = \{a\}$

$N = \{q_0, q_1, q_2\}$

$P = \{q_0 \to \varepsilon, \ q_0 \to aq_1, \ q_1 \to aq_2,$
$\quad q_2 \to aq_0, \ q_2 \to a\}$

記号を「文法らしい」ものに換える．

$G = \langle N, \Sigma, P, S_0 \rangle$

$\Sigma = \{a\}$

$N = \{S_0, A_1, A_2\}$

$P = \{S_0 \to \varepsilon, \ S_0 \to aA_1, \ A_1 \to aA_2, \ A_2 \to aS_0, \ A_2 \to a\}$

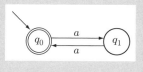

図 3.6　DFA から正規文法をつくる例の状態遷移図

● 例題 3.6　RG1

図 3.7 の DFA が受理する言語に対し，その言語を生成する正規文法をつくれ．

図 3.7　状態遷移図

○ 解答例

$G = \langle N, \Sigma, P, q_0 \rangle$

$\Sigma = \{a\}$

$N = \{q_0, q_1\}$

$$P = \{q_0 \to \varepsilon,\ q_0 \to aq_1,\ q_1 \to aq_0,\ q_1 \to a\}$$

記号を「文法らしい」ものに換える．

$G = \langle N,\ \Sigma,\ P,\ S_0 \rangle$
 $\Sigma = \{a\}$
 $N = \{S_0,\ A_1\}$
 $P = \{S_0 \to \varepsilon,\ S_0 \to aA_1,\ A_1 \to aS_0,\ A_1 \to a\}$

例 3.5 正規文法から NFA をつくる

つぎの文法が生成する言語を受理する NFA をつくる．

$G = \langle N,\ \Sigma,\ P,\ S_0 \rangle$
 $\Sigma = \{a\}$
 $N = \{S_0,\ A_1,\ A_2\}$
 $P = \{S_0 \to aA_1,\ A_1 \to aA_2,\ A_2 \to aS_0,\ A_2 \to a\}$

求める NFA M は，つぎのようになる．

$M = \langle Q,\ \Sigma,\ \delta,\ S_0,\ F \rangle$
 $Q = N \cup \{q_f\} = \{S_0,\ A_1,\ A_2,\ q_f\}$
 $F = \{q_f\}$
 $\delta(S_0, a) = \{A_1\}$
 $\delta(A_1, a) = \{A_2\}$
 $\delta(A_2, a) = \{S_0, q_f\}$
 $\delta(q_f, a) = \phi$

● 例題 3.7 RG2

つぎの文法 G が生成する言語を受理する NFA をつくれ．

$G = \langle N,\ \Sigma,\ P,\ S_0 \rangle$
 $\Sigma = \{0\}$
 $N = \{S_0, A_1\}$
 $P = \{S_0 \to 0A_1,\ A_1 \to 0S_0,\ A_1 \to 0\}$

○ 解答例

$M = \langle Q, \Sigma, \delta, S_0, F \rangle$

$Q = N \cup \{q_f\} = \{S_0, A_1, q_f\}$

$F = \{q_f\}$

$\delta(S_0, 0) = \{A_1\}$

$\delta(A_1, 0) = \{S_0, q_f\}$

$\delta(q_f, 0) = \phi$

M の状態遷移図は図 3.8 となる．

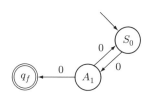

図 3.8 状態遷移図

Exercise 3.4　RG1

図 3.9 の有限状態オートマトン M に対し，$L(M) = L(G)$ となる正規文法をつくれ．

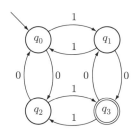

図 3.9 状態遷移図

Exercise 3.5　RG2

(1) つぎの正規文法 G はどんな言語を生成するか．

$G = \langle N, \Sigma, P, S_0 \rangle$

$\Sigma = \{0, 1\}$

$N = \{S_0, A\}$

$P = \{S_0 \to 0S_0,\ S_0 \to 1A,\ A \to 1A,\ A \to 1\}$

(2) $L(G) = L(M)$ となる NFA M をつくれ．

Exercise 3.6　RG3

(1) 形式言語における文法とは何か．
(2) 文法の形式的定義を述べよ．
(3) 3 型文法または正規文法とはどのような文法か．
(4) 正規文法が生成する言語は何とよばれるか．

プッシュダウンオートマトンと文脈自由文法

言語 $\{a^i b^i \mid i = 1, 2, 3, \ldots\}$ は，どんな有限状態オートマトンでも受理できない言語であった．有限状態オートマトンは，その「状態」に過去の履歴が集約（情報としては縮退している）されている．そのために，受理できる言語がもつ構造を十分に表現できる能力を有しない．外部に記憶する装置をつけて，有限状態オートマトンのもつ言語受理能力を超える状態機械を考えたい．このような拡張を行うと，

(1) 補助記憶の種類で言語受理能力は変化するか
(2) 補助記憶付きのオートマトンは決定性・非決定性の違いで能力は変わるか否か

ということが新たに問題となる．

拡張のため用いる補助記憶の候補の例としては以下がある．

(a) RAM（ランダムアクセスメモリ）：アドレスつきのメモリで，アドレスを指定するとその記憶をアクセスできる．
(b) テープ（シーケンシャルアクセスメモリ）：無限に長いメモリの列．どこでもアクセスできる．順に追っていく必要がある．
(c) スタック：Last-In First-Out のメモリ．無限に記憶できる．最後に入れたものを取り出さなければその前のものにアクセスできない．
(d) キュー（待ち行列）：First-In First-Out のメモリ．入れた順にのみアクセスできる．

本章では，補助記憶としてスタックをもつプッシュダウンオートマトンと，それが受理する言語である文脈自由言語について述べる．また，文脈自由言語を生成する文法，すなわち文脈自由文法を導入し，非決定性プッシュダウンオートマトンと文脈自由文法が言語の受理・生成という点で等価であることを述べる．日本語や英語といった自然言語は文脈自由言語であるといわれている．また，C 言語や Java といったプログラミング言語も文脈自由言語である．それゆえ，文脈自由言語は形式言語として重要な位置を占めている．

第4章 プッシュダウンオートマトンと文脈自由文法

4.1 プッシュダウンオートマトン

本章では，補助記憶としてスタックをもつマシンを考える（図4.1）．スタックはプッシュダウンスタックともいう．また，Last-In First-Out 方式ともいう．**スタック**は，最後に入れたものを一番先に出す記憶である．なお，スタックと対照的な記憶装置として，**キュー**（待ち行列）がある（図4.2）．キューは First-In First-Out 方式ともいう．キューでは最初に入れたものが最初に出る．スタックもキューも，RAM やテープと比べると制限の強い記憶装置である．

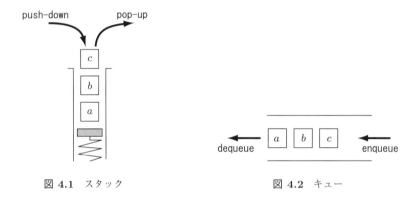

図 4.1　スタック　　　　　　　　　図 4.2　キュー

プッシュダウンスタックをもつ状態機械を**プッシュダウンオートマトン**（pushdown automata：**PDA**）という．PDA は，入力記号を DFA などと同じく順に一度だけ読み，各時刻の動作は，状態と入力記号，スタックの記号の3つ組で決まる．PDA は，毎時刻に「スタックに記号を積む（push）」「降ろす（pop）」「スタックを変えない」のどれかの動作を行う．入力記号を読まずに（ε 動作で）スタックの記号と状態だけで動作してもよい．プッシュダウンオートマトンを絵で表すと図4.3になる．

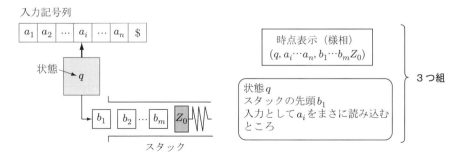

図 4.3　プッシュダウンオートマトン

現時点でのPDAの状態をqとし，その時点で読み残している文字列を$a_ia_{i+1}\ldots a_n$，またその時点でのスタックに積まれている記号列を$b_1\ldots b_mZ_0$とする．そのとき，これらの3つ組

$$(q, a_ia_{i+1}\ldots a_n, b_1\ldots b_mZ_0)$$

をPDAの**時点表示**あるいは**様相**という．

有限状態オートマトンと同様に，PDAについても決定性と非決定性とがある．まず，決定性PDAから述べよう．

4.2 決定性プッシュダウンオートマトンと受理言語

4.2.1 決定性プッシュダウンオートマトン

決定性プッシュダウンオートマトン（deterministic pushdown automata：DPDA）はつぎの7つ組である．

$$M = \langle Q, \Sigma, \Gamma, \delta, q_0, Z_0, F \rangle$$

Qは有限な状態集合

Σは入力アルファベット（入力記号）

Γはプッシュダウンアルファベット（スタックに積む記号の集合）．Γの各記号をプッシュダウン記号（pd記号）という

δは状態遷移関数で，つぎの形式の部分関数（未定義の箇所を許す）

$$\delta : Q \times (\Sigma \cup \{\varepsilon\}) \times \Gamma \to Q \times \Gamma^*$$

q_0は初期状態．$q_0 \in Q$

Z_0はボトムマーカー．初期記号ともいう．$Z_0 \in \Gamma$

Fは受理状態の集合．$F \subseteq Q$

状態遷移関数δの入力は(q, a, X)で，qは状態，aは入力記号，Xはpd記号である．

また，δの出力は(p, y)であり，pは状態であり，yはスタックの先頭にあるpd記号Xを置き換えるpd記号の列である．すなわち，プッシュダウンオートマトンは，状態qにおいて，読み込む記号がaでスタックの先頭がXのとき状態pに移り，スタックの先頭だったXを消して，それに代わり記号列yをスタックの先頭に置く．

例 4.1　DPDA（図 4.4）

$M = \langle Q, \Sigma, \Gamma, \delta, q_0, Z_0, F \rangle$

　　$Q = \{q_0, q_1, q_2\}$
　　$\Sigma = \{a, b\}$
　　$\Gamma = \{A, Z_0\}$
　　$F = \{q_2\}$
　　δ は表 4.1 のとおり

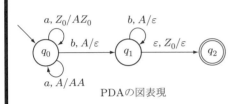

PDA の図表現

図 4.4　決定性 PDA の状態遷移図の例

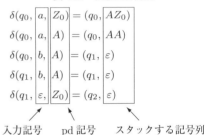

表 4.1　状態遷移関数

$\delta(q_0, a, Z_0) = (q_0, AZ_0)$
$\delta(q_0, a, A) = (q_0, AA)$
$\delta(q_0, b, A) = (q_1, \varepsilon)$
$\delta(q_1, b, A) = (q_1, \varepsilon)$
$\delta(q_1, \varepsilon, Z_0) = (q_2, \varepsilon)$

入力記号　pd 記号　スタックする記号列

状態遷移するとき，スタックの先頭をいったん消してから，新たに記号列を先頭に積む．たとえば，$\delta(q_0, a, A) = (q_0, AA)$ だと，A を消してから，新たに AA を先頭に積む（図 4.5）．結果的にスタックの先頭には新たに A が積まれることになる．スタック操作でいうと，A を一つ積み込むことになるので，push(A) である．同様に，スタックの先頭の A を削除することは，まず A を消して，ε を新たにスタックの先頭に積む．これはスタックから一つ取り出すことになるので，pop である．すなわち，上の PDA では push(A) と pop は表 4.2 のとおりである．

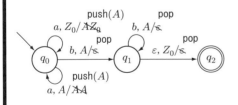

図 4.5　pd 記号で表した決定性 PDA

表 4.2　状態遷移関数

$\delta(q_0, a, Z_0) = (q_0, AZ_0)$　push(A)
$\delta(q_0, a, A) = (q_0, AA)$　push(A)
$\delta(q_0, b, A) = (q_1, \varepsilon)$　pop
$\delta(q_1, b, A) = (q_1, \varepsilon)$　pop
$\delta(q_1, \varepsilon, Z_0) = (q_2, \varepsilon)$　pop

PDA の状態遷移関数についていくらか注意をしよう．状態と入力記号と pd 記号の<u>全組合せ</u>については動作が決められてはいない．語を処理している途中で未定義組合せに出合った場合は，その語は不受理である．また，入力記号として ε を許す（ε 動

作）．しかし，ε 動作がある場合には，その ε 動作におけるスタックの先頭記号と同じスタック記号に対するほかの入力記号についての動作はないものとする．これは，動作の決定性を保証するためである．たとえば，図 4.5 において，q_1 において ε 動作がある．その ε 動作におけるスタック先頭は Z_0 であり，同じ状態から入力記号 b での動作があるが，そのときのスタック先頭記号は A となっているので，この ε 動作は許される．

状態遷移が未定義のところは，遷移先としてある状態に集められていると考えてもよい（図 4.6）．たとえば，定まっている状態遷移が以下の

$$\delta(q_0, a, Z_0) = (q_0, AZ_0)$$
$$\delta(q_0, a, A) = (q_0, AA)$$
$$\delta(q_0, b, A) = (q_1, \varepsilon)$$
$$\delta(q_1, b, A) = (q_1, \varepsilon)$$
$$\delta(q_1, \varepsilon, Z_0) = (q_2, \varepsilon)$$

の五つだけとすると，その他の遷移は，図 4.6 のようにもともとの PDA の状態にはなかった一つの状態にいくと考える．このように考えると，状態遷移関数として未定義な部分がなくなり，完全な決定性 PDA となる．

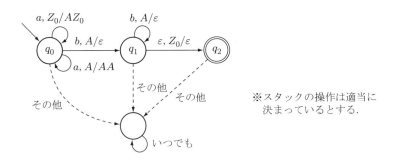

図 4.6　未定義箇所をなくした，真に決定的な PDA

4.2.2 ● 決定性プッシュダウンオートマトンの動作と受理言語

DPDA M の現時点の様相を (q, aw, bu) $(q \in Q, a \in \Sigma, w \in \Sigma^*, b \in \Gamma, u \in \Gamma^*)$ としたとき，つぎの時刻の様相は以下のように決まる．

$$\delta(q, a, b) = (q', x) \text{ であれば}, (q, aw, bu) \vdash_M (q', w, xu)$$
$$\delta(q, \varepsilon, b) = (q', x) \text{ であれば}, (q, aw, bu) \vdash_M (q', aw, xu)$$

関係 $\vdash_M$ の推移的閉包（$\vdash_M$ を 0 回以上たどって結びつける関係）を $\vdash_M^*$ とする．DPDA M は，$(q_0, w, Z_0) \vdash_M^* (q, \varepsilon, \varepsilon)$ で $q \in F$ となるとき，w を**受理する**という．

> **注意** PDA が語を受理するのは，二つの条件がそろったときである．
> 1. $q \in F$
> 2. スタックが空

DPDA M の**受理言語**は，

$$L(M) = \{w \in \Sigma^* \mid (q_0, w, Z_0) \vdash_M^* (q, \varepsilon, \varepsilon),\ q \in F\}$$

である．

● 例題 4.1　DPDA
例 4.1 の図 4.4 の決定性 PDA は以下の語を受理するか．
(1) $aabab$
(2) $aabb$

○ 解答例
(1) $aabab$ の場合

$(q_0, aabab, Z_0) \vdash_M (q_0, abab, AZ_0) \vdash_M (q_0, bab, AAZ_0) \vdash_M (q_1, ab, AZ_0)$ ✗

語 $aabab$ の記号をすべて読み終える前に途中で止まってしまう．よって受理しない．

(2) $aabb$ の場合

$(q_0, aabb, Z_0) \vdash_M (q_0, abb, AZ_0) \vdash_M (q_0, bb, AAZ_0) \vdash_M (q_1, b, AZ_0)$
$\vdash_M (q_1, \varepsilon, Z_0) \vdash_M (q_2, \varepsilon, \varepsilon)$

語 $aabb$ を読み終えたとき，受理状態 q_2 であり，スタックが空であるから受理する．

さて，決定性プッシュダウンオートマトンと有限状態オートマトンとの言語を受理する能力差について考えよう．実は，決定性 PDA は有限状態オートマトンよりも能力が高いのである．すなわち，決定性 PDA の受理言語のクラスは，有限状態オートマトンの受理言語のクラスよりも広い．その理由として，つぎが挙げられる．

1. どんな有限状態オートマトンにも，それと同じ受理言語の DPDA がある．有限状態オートマトンは DPDA の特殊なものだから当然である．

2. 言語 $\{a^i b^i \mid i = 1, 2, \ldots\}$ はどんな有限状態オートマトンの受理言語にもならない．
3. 言語 $\{a^i b^i \mid i = 1, 2, \ldots\}$ を受理する DPDA がある（例題 4.1 (2) を見よ）．

記号列 $a^i b^i\ (i = 1, 2, \ldots)$ を，入力を左から右に一つずつ読んでは状態を変える機械では，最後の a を読み終えた時点で a が何個あったかを記憶しておかねばならない．なぜなら，b の個数は a と同じだからである．a の数はいくつでもよいので，有限状態だけでそれを覚えておくことは不可能である．プッシュダウンオートマトンでは，この個数をスタックを用いて覚えておくのである．

注意 言語のクラスの包含関係と言語の包含関係について考える．$\Sigma = \{a, b\}$ とする．図 4.7 のように，言語のクラスの包含関係と，それぞれのクラスに属するある言語の包含関係が「逆」になっている．すなわち，PDA によって受理される言語のクラスは正規言語のクラスを含むが，前者の一つの要素である言語 $\{a^i b^i \mid i = 1, 2, \ldots\}$ は後者の要素である $\{a^i b^j \mid i, j = 1, 2, \ldots\}$ に含まれる．

図 4.7 言語のクラスの包含関係と言語の包含関係

Exercise 4.1 DPDA1

(1) 図 4.8 の DPDA は $aabba$ を受理するか．
(2) 図の DPDA は $aaaabbbb$ を受理するか．
(3) 図の DPDA はどのような言語を受理するか．

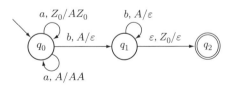

図 4.8 状態遷移図

Exercise 4.2 DPDA2

(1) いかなる有限状態オートマトンでも受理できない言語の例を一つあげよ．$\Sigma = \{a, b\}$ とする．

（2）いかなる有限状態オートマトンでも受理できず，かつ，あるプッシュダウンオートマトンで受理できる言語を一つあげよ．$\Sigma = \{a, b\}$ とする．

4.3 非決定性プッシュダウンオートマトンと受理言語

有限状態オートマトンと同様に，PDA にも決定性と非決定性がある．決定性プッシュダウンオートマトンは，現在の時点表示でつぎの時点表示が一意に決まるものである．一方，非決定性プッシュダウンオートマトンは，それが一つに決まらないものであり，記号列の受理では，非決定的な分岐のどれかで成功すればよい．

非決定性 PDA の例を挙げよう（図 4.9）．

$M = \langle Q, \Sigma, \Gamma, \delta, q_0, Z_0, F \rangle$
$Q = \{q_0, q_1, q_2, q_3, q_4, q_5\}$
$\Sigma = \{a, b, c\}$
$\Gamma = \{A, Z_0\}$
$F = \{q_5\}$
$\delta : \delta(q_0, a, Z_0) = \{(q_0, AZ_0)\}$ $\quad \delta(q_2, \varepsilon, Z_0) = \{(q_5, \varepsilon)\}$
$\delta(q_0, a, A) = \{(q_0, AA)\}$ $\quad \delta(q_3, b, A) = \{(q_3, A)\}$
$\delta(q_0, b, A) = \{(q_1, \varepsilon), (q_3, A)\}$ $\quad \delta(q_3, c, A) = \{(q_4, \varepsilon)\}$
$\delta(q_1, b, A) = \{(q_1, \varepsilon)\}$ $\quad \delta(q_4, c, A) = \{(q_4, \varepsilon)\}$
$\delta(q_1, c, Z_0) = \{(q_2, Z_0)\}$ $\quad \delta(q_4, \varepsilon, Z_0) = \{(q_5, \varepsilon)\}$
$\delta(q_2, c, Z_0) = \{(q_2, Z_0)\}$

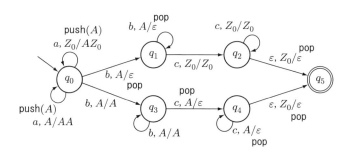

図 4.9 非決定性 PDA の状態遷移図

状態 q_0 において，スタックトップが A のときに入力 b を読むと，遷移先が q_1 と q_3 との二つあり，このPDAが非決定性であることがわかる．

以下に非決定的PDAの定義を与えよう．**非決定性プッシュダウンオートマトン**（non-deterministic pushdown automata：NPDA）はつぎの7つ組である．

> $M = \langle Q, \Sigma, \Gamma, \delta, q_0, Z_0, F \rangle$
> Q は有限な状態集合
> Σ は入力アルファベット（入力記号）
> Γ はプッシュダウンアルファベット（スタックに積む記号の集合）
> δ は状態遷移関数で，つぎの形式の部分関数
> $\delta : Q \times (\Sigma \cup \{\varepsilon\}) \times \Gamma \to 2^{(Q \times \Gamma^*)}$
>   未定義箇所は空集合へ写像されると思ってもよい．
> q_0 は初期状態．$q_0 \in Q$
> Z_0 はボトムマーカー．$Z_0 \in \Gamma$
>   初期記号ともいう．
> F は受理状態の集合．$F \subseteq Q$

決定性PDAと同様に，非決定性PDA M の様相 (q, aw, bu) において，$q \in Q$, $a \in \Sigma$, $w \in \Sigma^*$, $b \in \Gamma$, $u \in \Gamma^*$ として，

$$(q', x) \in \delta(q, a, b) \text{ であれば}, (q, aw, bu) \vdash_M (q', w, xu)$$
$$(q', x) \in \delta(q, \varepsilon, b) \text{ であれば}, (q, aw, bu) \vdash_M (q', aw, xu)$$

と書く．関係 $\vdash_M$ の推移的閉包（$\vdash_M$ を0回以上たどって結びつける関係）を $\vdash_M^*$ とする．

$(q_0, w, Z_0) \vdash_M^* (q, \varepsilon, \varepsilon)$ で $q \in F$ となるとき，M は w を**受理**するという．
非決定性PDA M の**受理言語**は

> $L(M) = \{ w \in \Sigma^* \mid (q_0, w, Z_0) \vdash_M^* (q, \varepsilon, \varepsilon), q \in F \}$

で定義される．

> **注意** ここで与えた定義ではDPDAと同様に，入力記号列を読み終えたときに，つぎの二つの条件がそろったときのみ，非決定性PDAはその入力記号列を受理する．
>   1. $q \in F$
>   2. スタックが空
>
> PDAが受理する語の定義にはこのほかに，

(a) 入力記号列を読み終えたとき，受理状態であるが，スタックに積まれている記号列は問わない
(b) 入力記号列を読み終えたとき，スタックが空である．ただし，この場合は状態は問わない

というバリエーションがある．これら三つの語の受理の定義は，ある意味で等価である．それについては，後の節で詳細に述べる．また，決定性 PDA においても，語の受理の定義に同様のバリエーションが考えられる．しかし，決定性 PDA の場合はそれらの定義は等価ではない．このことについても，同じく後の節で簡単に触れる．

● 例題 4.2　NPDA
図 4.9 の非決定性 PDA は，以下の語を受理するか．
(1) 語 $aabbc$
(2) 語 $aabcc$

○ 解答例
(1) $aabbc$ の場合：受理する

$(q_0, aabbc, Z_0) \vdash_M (q_0, abbc, AZ_0) \vdash_M (q_0, bbc, AAZ_0)$
$\vdash_M (q_1, bc, AZ_0) \vdash_M (q_1, c, Z_0) \vdash_M (q_2, \varepsilon, Z_0) \vdash_M (q_5, \varepsilon, \varepsilon)$ ○
$\wedge_M (q_3, bc, AAZ_0) \vdash_M (q_3, c, AAZ_0) \vdash_M (q_4, \varepsilon, AZ_0)$ ×

(2) $aabcc$ の場合：受理する

$(q_0, aabcc, Z_0) \vdash_M (q_0, abcc, AZ_0) \vdash_M (q_0, bcc, AAZ_0)$
$\vdash_M (q_1, cc, AZ_0)$ ×
$\wedge_M (q_3, cc, AAZ_0) \vdash_M (q_4, c, AZ_0) \vdash_M (q_4, \varepsilon, Z_0) \vdash_M (q_5, \varepsilon, \varepsilon)$ ○

Exercise 4.3　NPDA
図 4.9 の非決定性 PDA が受理する言語を求めよ．

さて，決定性と非決定性のプッシュダウンオートマトンそれぞれが受理する言語について述べよう．実は，非決定性 PDA の受理言語のクラスは，決定性 PDA の受理言語のクラスを真に包含する（図 4.10）．すなわち，$L = \{ww^R \mid w \in \Sigma^*\}$（$w^R$ は w の鏡像）を受理する非決定性 PDA を構成することができる（図 4.11）．ここで w の鏡像とは，文字どおり w を鏡に写したときの像であり，たとえば $w = abc$ とすれば $w^R = cba$ であり，$w = abbac$ とすれば $w^R = cabba$ である．しかし，L を受理す

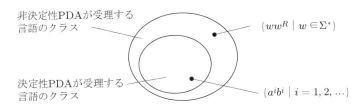

図 4.10　決定性 PDA と非決定性 PDA の包含関係

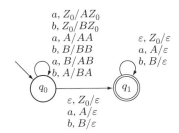

図 4.11　$L = \{ww^R | w \in \Sigma^*\}$（$w^R$ は w の鏡像）を受理する非決定性 PDA の例

るいかなる決定性 PDA も存在しないことを証明することができる．この例をもって，上の主張が正しいことがわかる（図 4.10）．

　プッシュダウンオートマトンの場合，決定性と非決定性の違いが言語の受理クラスの違いに現れることは，有限状態オートマトンの場合とは明確に異なる．

　なお，言語 $\{ww^R\}$ が決定性 PDA で受理できないことは，PDA が左から右へ順に入力記号を読むだけであり，決定的に動作したのでは処理の途中でどこが w と w^R との境目か判別できないためである．入力記号列のどこでも境目であるとして，それぞれが「並列」に動作する非決定性 PDA ならうまく扱える．図 4.11 の非決定性 PDA は，状態 q_0 の間はまだ境目に達していないことを表現し，q_0 から q_1 に移るときがちょうど境目と考え，q_1 に移って w^R の記号に対応するスタック記号がスタックの先頭からボトムに順に並んでいるから，境目より先の入力記号列とつき合わせている．

4.4　文脈自由文法

つぎの形の規則だけをもつ文法を，**文脈自由文法**（context free grammar：CFG）または **2 型文法** とよぶ．

$A \to \gamma, \quad \gamma \in (\Sigma \cup N)^*, \quad A \in N$
   Σ：アルファベット，N：非終端アルファベット

すなわち，各生成規則の矢印の左の記号が非終端記号一つだけという制限がある．

例 4.2　CFG

$G1 = \langle N, \Sigma, P, S \rangle$
   $N = \{S\}$
   $\Sigma = \{a, b, c\}$
   $P = \{S \to aSa,\ S \to bSb,\ S \to c\}$

文脈自由文法 G によって生成される言語 $L(G)$ を，**文脈自由言語**または **2 型言語**という．すなわち，$G = \langle N, \Sigma, P, S \rangle$ を文脈自由文法としたとき，

$L(G) = \{w \in \Sigma^* \mid S \Rightarrow^* w\}$

は文脈自由言語である．

● 例題 4.3　CFG1
つぎの文脈自由文法が生成する言語を求めよ．

$G2 = \langle N, \Sigma, P, S \rangle$
   $N = \{S\}$
   $\Sigma = \{0, 1\}$
   $P = \{S \to 0S1,\ S \to 01\}$

○ 解答例

$L(G2) = \{01, 0011, 000111, \ldots\} = \{0^n 1^n \mid n = 1, 2, \ldots\}$．この文法 $G2$ にならって，言語 $\{a^i b^i \mid i = 1, 2, \cdots\}$ を生成する文脈自由文法を構成することは自明であろう．

例 4.3　有名な文脈自由言語 1：括弧の言語（ディック言語）

$G3 = \langle N, \Sigma, P, S \rangle$
   $N = \{S\}$
   $\Sigma = \{<, >, [,]\}$
   $P = \{S \to SS,\ S \to\ <S>,\ S \to [S],\ S \to \varepsilon\}$

例 4.4　有名な文脈自由言語 2：数式

$G4 = \langle N, \Sigma, P, S \rangle$
　　$N = \{S\}$
　　$\Sigma = \{1, +, *\}$
　　$P = \{S \to 1, S \to S+S, S \to S*S\}$

4.5　文脈自由文法の簡素化と標準形

文脈自由文法は，英語や日本語といった自然言語の処理や，CやJavaといったプログラミング言語の文法として用いられることが多い．そのため，文脈自由文法が冗長な記号や生成規則をもつ場合には，それらを検出し，除去することが重要となる．以下では，無効記号の除去とε-生成規則の除去，単位生成規則除去の三つの冗長性の除去の方法について簡単に述べる．

4.5.1　文法の簡素化
●無効記号

まず，文脈自由文法 $G = \langle N, \Sigma, P, S \rangle$ の S でない非終端記号 X に関し，いかなる $w, x, y \in \Sigma^*$ に対しても

$$S \Rightarrow^* wXy \Rightarrow^* wxy$$

なる導出が存在しない場合，X は $L(G)$ の語の生成には関与することがない．それゆえ，このような X は不要であり，**無効記号**（useless symbol）とよばれる．無効記号は，つぎに述べる操作 (1), (2) を順次適用することにより，検出・除去が可能である．

以下に，文脈自由文法

　　$G = \langle N, \Sigma, P, S \rangle$
　　　　$N = \{S, A, B, C, D\}$
　　　　$\Sigma = \{a, b, c, d\}$
　　　　$P = \{S \to aAB, A \to bBB, B \to abb, B \to ccCD, D \to ddd\}$

を用いて，無効記号の検出と除去を例示する．

(1) 生記号の抽出

$X \Rightarrow^* w$ なる $w \in \Sigma^*$ が存在するとき，非終端記号 X は**生記号**（live symbol）であるという．そうでない非終端記号 X は，**死記号**（dead symbol）であるという．生記号をすべて求めた後に残される非終端記号は死記号である．開始記号以外の死記

号は，すべて無効記号である．

上の文法 G の場合，まず右辺が終端記号列である生成規則 $B \to abb$, $D \to ddd$ より，自明な生記号の集合 $N_1 = \{B, D\}$ が求まる．つぎに，B が生記号であることと，生成規則 $A \to bBB$ より，A も生記号であることがわかり，新たな生記号の集合 $N_2 = N_1 \cup \{A\}$ が求まる．さらに，生成規則 $S \to aAB$ に対して $aAB \in (\Sigma \cup N_2)^*$ であることにより，S も生記号であり，生記号の集合を $N_3 = N_2 \cup \{S\} = \{S, A, B, D\}$ とする．ここで，右辺を $(\Sigma \cup N_3)^*$ の要素とする新たな生成規則は存在しないので，N_3 に含まれるもの以外の生記号は存在しない．したがって，残された非終端記号 C は死記号である．文法 G から，C およびこれを含む生成規則 $B \to ccCD$ を除き，さらにこの生成規則中にしか含まれていなかった記号 c を除くと，G と等価な文法

$$G' = \langle N', \Sigma', P', S \rangle$$
$$N' = \{S, A, B, D\}$$
$$\Sigma' = \{a, b, d\}$$
$$P' = P - \{B \to ccCD\}$$

が得られる．

（2）到達可能記号の抽出

ある $\alpha, \beta \in (\Sigma \cup N)^*$ に対して，$S \Rightarrow^* \alpha X \beta$ であるような記号 $X \in N \cup \Sigma$ は，開始記号から**到達可能**（reachable）であるという．文法 G における非終端記号が生記号だけとなっている場合には，$\alpha X \beta \Rightarrow^* wxy$ なる $wxy \in \Sigma^*$ が存在する．それゆえ，到達可能記号をすべて求めつくした後に残される記号は開始記号から到達不可能な記号であり，無効記号である．

生記号抽出の操作の結果得られた文法 G' に対しては，まず開始記号 S のみからなる集合 $V_1 = \{S\}$ を，自明な到達可能記号の集合とする．つぎに，生成規則 $S \to aAB$ より，新たな到達可能記号集合を $V_2 = V_1 \cup \{a, A, B\}$ とする．さらに，生成規則 $A \to bBB$, $B \to abb$ より，$V_3 = V_2 \cup \{b\} = \{a, b, S, A, B\}$ とする．ここで，V_3 の要素を左辺とするような新たな生成規則は存在しないので，V_3 のほかに到達可能記号は存在しない．したがって，残された記号 D および d は到達不可能な記号である．文法 G' から，D と d，およびこれらを含む生成規則を除くと，G' と等価で無効記号を含まない文法

$$G'' = \langle N'', \Sigma'', P'', S \rangle$$
$$N'' = \{S, A, B\}$$
$$\Sigma'' = \{a, b\}$$
$$P'' = \{S \to aAB, A \to bBB, B \to abb\}$$

が得られる．

以上より，最初の文法 G においては C と D が無効記号であることがわかる．

上記の文法 G に対し，(2)，(1) の順序で操作を施すと，最後に無効記号 D が残ってしまうことに注意されたい．

● ε-生成規則

$A \to \varepsilon$ なる規則は **ε-生成規則**（ε-production）とよばれる．$\varepsilon \notin L(G)$ であるならば，ε-生成規則は除去することができる．一般に，文法 $G = \langle N, \Sigma, P, S \rangle$ がつぎの条件を満足している場合，G は **ε-なし**（ε-free）であるといわれる．すなわち，

(i) $\varepsilon \notin L(G)$ の場合，P は ε-生成規則を含まない，

あるいは，

(ii) $\varepsilon \in L(G)$ の場合，P が含む唯一の ε-生成規則は $S \to \varepsilon$ であり，このとき開始記号 S はいかなる生成規則においてもその右辺に現れない．

任意の文脈自由文法 $G = \langle N, \Sigma, P, S \rangle$ に対しては，それと等価な ε-なし文脈自由文法 $G' = \langle N', \Sigma, P', S' \rangle$ を求めることができる．詳しくは，巻末の参考文献を参照されたい．

● 単位生成規則

文脈自由文法 $G = \langle N, \Sigma, P, S \rangle$ において，$A \to B$, $A, B \in N$ という形式の規則は**単位生成規則**（unit production）とよばれる．この規則は，非終端記号の名前の置き換えに過ぎないので，除去するほうが望ましいことがある．文法 G を ε-なしとしたとき，G と等価で単位生成規則をもたない文法 G' を求めることができる．やはり，詳細は巻末の参考文献を参照のこと．

4.5.2 ● 文脈自由文法の標準形

文脈自由文法には二つの有名な標準形がある．文脈自由文法 $G = \langle N, \Sigma, P, S \rangle$ を考えよう．

(1) P の要素がすべて

$$A \to BC \text{ または } A \to a, S \to \varepsilon \quad \text{ただし}, a \in \Sigma, A, B, C \in N$$

の形をしているとき，G は**チョムスキー標準形**（Chomsky normal form：CNF）であるという．

(2) P の要素がすべて

$$A \to a\alpha \quad \text{ただし}, A \in N, a \in \Sigma, \alpha \in N^*. S \to \varepsilon \text{も認める}$$

の形をしているとき，G は**グライバッハ標準形**（Greibach normal form：GNF）であるという．

これらの文法の標準形に対して，文脈自由言語に関して以下の標準形定理が成り立つ．

標準形定理

任意の ε-なし（ε-free）文脈自由言語 L に対して，
(1) L を生成するチョムスキー標準形の文脈自由文法が存在する．
(2) L を生成するグライバッハ標準形の文脈自由文法が存在する．

[**(1) の証明のスケッチ**]
$A \to X_1 \cdots X_n \in P, X_i \in N \cup \Sigma,$ に対し，$X_i \in \Sigma$ ならば $\overline{X_i}$ を N に加え，$\overline{X_i} \to X_i$ を P に加える．また，$A \to X_1 \cdots X_n$ における $X_i \in \Sigma$ を $\overline{X_i}$ に変更する．変更されてできた $A \to Y_1 \cdots Y_n \in P, Y_i \in N$ を以下のように分解する．

$$A \to Y_1 Z_1, \quad Z_1 \to Y_2 Z_2, \quad Z_2 \to Y_3 Z_3, \quad \ldots, \quad Z_{n-2} \to Y_{n-1} Y_n$$

●チョムスキー標準形への変換例

つぎの文法規則をもつ CFG はチョムスキー標準形ではない．

$$S \to TbT, \quad T \to TaT, \quad T \to ac$$
$$S \to TBT, \quad T \to TAT, \quad T \to AC$$
$$B \to b, \quad A \to a, \quad C \to c$$

これと等価なチョムスキー標準形は，

$$S \to TD_1, \quad D_1 \to BT, \quad T \to TD_2, \quad D_2 \to AT$$
$$T \to AC, \quad B \to b, \quad A \to a, \quad C \to c$$

となる．

グライバッハの標準形については証明は与えないが，後で詳しい例を挙げる．ここでは，それに関連した重要なことを述べる．一般に，

$$A \Rightarrow^* \alpha \Rightarrow^* \beta A \gamma, \quad A \in N, \quad \alpha, \beta, \gamma \in (N \cup \Sigma)^*$$

であるとき，A は**再帰的**（recursive）であるといい，$\gamma = \varepsilon$ の場合には，A は**右再帰的**（right-recursive），$\beta = \varepsilon$ の場合には，A は**左再帰的**（left-recursive）であるという．

4.5 文脈自由文法の簡素化と標準形

とりわけ，文法 G が 1 個でも左再帰的な非終端記号をもつ場合，すなわち，$G = \langle N, \Sigma, P, S \rangle$ のある非終端記号 A に対して

$$A \Rightarrow^* \alpha \Rightarrow^* A\gamma, \quad \alpha, \gamma \in (N \cup \Sigma)^*$$

となるとき，G は**左再帰的**であるという．

再帰的である非終端記号があるからこそ，有限の規則によって無限の終端記号列を生成できる．しかし，左再帰は，後に述べる下降型構文解析を行う場合に困難を生じる原因となることがある．幸いなことに，いかなる左再帰的な文脈自由文法に対しても，生成する言語を変えることなく左再帰的でない文法，つまりグライバッハの標準形を求めることができる．標準形定理がその保証を与えている．

グライバッハの標準形（GNF）への変換は以降でも重要な役割を果たすので，少し詳しく述べよう．GNF への変換は，生成規則の置換と左再帰性の除去の 2 段階からなる．いま，$A \to B\gamma$（ただし，$A, B \in N$，$\gamma \in (N \cup \Sigma)^*$），すなわち，$A, B$ は非終端記号，γ は任意の記号列，$B \to \beta_1$，$B \to \beta_2$, ..., $B \to \beta_n$，各 $\beta_k \in (N \cup \Sigma)^*$，すなわち，各 β_k は任意の記号列，という生成規則があるとしよう．$A \to B\gamma$ は GNF の形（GNF 型）ではないので除去したい．そのために，**生成規則の置換**を行う．これは，

1. $A \to B\gamma$ をつぎのような規則に変換する．

$$A \to \beta_1 \gamma, \quad A \to \beta_2 \gamma, \quad ..., \quad A \to \beta_n \gamma$$

2. $A \to B\gamma$ を除去する．

の 2 段からなる．つまり，$A \to B\gamma$ の B の部分を置き換えるだけである．

続いて，左再帰性の除去について述べよう．$A \to A\gamma$，$A \in N$，$\gamma \in (N \cup \Sigma)^*$ という生成規則は，左辺の非終端記号が右辺の先頭になっている．つまり，この生成規則は**左再帰性**をもつ．先に述べたように，このような規則が残っていると文法が左再帰的になるので除去する．以下，左再帰性の除去手順を示す．

$A \to A\gamma, A \in N, \gamma \in (N \cup \Sigma)^*, A \to \beta_1, A \to \beta_2, ..., A \to \beta_n$，各 $\beta_k \in (N \cup \Sigma)^*$ なる生成規則があるとする．

左再帰性の除去は以下のステップからなる．

1. $A \to A\gamma$ をつぎのような規則に変換する．

   a. $A \to \beta_1 Z, \quad A \to \beta_2 Z, \quad \cdots, \quad A \to \beta_n Z$

   b. $Z \to \gamma, \quad Z \to \gamma Z$

   ただし，Z は新しく導入した非終端記号である．
2. $A \to A\gamma$ を除去する．

以上の生成規則の置換と左再帰性の除去とを行うことにより，任意の CNF は GNF に変換することができる．

● **例題 4.4 CFG2**
つぎの生成規則に対し，生成規則の置換をせよ．
$$S \to Bab, \quad B \to a, \quad B \to bSS$$

○ **解答例**（下線は置き換えた部分）
$$S \to \underline{a}ab, \quad S \to \underline{bSS}ab$$

● **例題 4.5 CFG3**
つぎの生成規則の左再帰性を除去せよ．
$$S \to Sb, \quad S \to B, \quad S \to abS$$

○ **解答例**（下線は新たに導入した非終端記号）
$$S \to B\underline{Z}, \quad S \to abS\underline{Z}, \quad \underline{Z} \to b, \quad \underline{Z} \to b\underline{Z}$$

以上の準備のもとで，CNF を GNF へ変換する．変換の流れは以下のとおりである．

1. 非終端記号に順序付けを行う（たとえば，$N = \{S, A, B\}$ なら，S を A_1 とし，A を A_2 として B を A_3 とする）．
2. 生成規則の中で，$A_i \to A_j\gamma \ (i > j)$ の形のものを探す（右辺のほうが番号が小さい）．
3. 2 で見つけた生成規則に対して，生成規則の置換を行う．
4. 3 で左再帰性をもつ規則が生まれたら，左再帰性を除去する．
5. 非終端記号の番号の大きいほう（A_n から A_1 の順）から，生成規則の置換によって GNF に変換する．
6. 4 の左再帰性の除去で GNF でないものが新たにできていたら，生成規則の置換で GNF に変換する．

例 4.5 CNF を GNF に変換

つぎの CNF を GNF に変換する.

$$G = \langle N, \Sigma, S, P \rangle$$
$$N = \{S, A\}$$
$$\Sigma = \{0, 1\}$$
$$P = \{S \to AA, S \to 0, A \to SS, A \to 1\}$$

1. 非終端記号の順序付けを行う.

   S を A_1 とし, A を A_2 とする.

   $$N = \{A_1, A_2\}, \quad \Sigma = \{0, 1\}, \quad S = A_1$$
   $$P = \{A_1 \to A_2 A_2, A_1 \to 0, A_2 \to A_1 A_1, A_2 \to 1\}$$

2. $A_i \to A_j \gamma$ の形で, 右辺の先頭のほうが番号が小さいものを探す.

   $A_2 \to A_1 A_1$ が見つかる.

3. 生成規則の置換を行う.

   A_1 についての生成規則は $A_1 \to 0$, $A_1 \to A_2 A_2$ なので, $A_2 \to A_1 A_1$ について生成規則の置換を行うと, つぎのようになる.

   $$\underbrace{A_2 \to 0 A_1}_{\text{GNF：そのまま}}, \quad \underbrace{A_2 \to A_2 A_2 A_1}_{\text{左再帰性}}$$

   この時点で, $A_2 \to A_1 A_1$ は除去しておく.

4. 左再帰性を除去する.

   $A_2 \to A_2 A_2 A_1$ の左再帰性除去により, つぎのようになる.

   $$\underbrace{A_2 \to 0 A_1 Z}_{\text{GNF}}, \quad \underbrace{A_2 \to 1 Z}_{\text{GNF}}, \quad \underbrace{Z \to A_2 A_1}_{\text{GNF でない}}, \quad \underbrace{Z \to A_2 A_1 Z}_{\text{GNF でない}}$$

   この時点で, $A_2 \to A_2 A_2 A_1$ は除去しておく.

5. 非終端記号の番号の大きいほうから生成規則の置換を行う.

   もっとも番号が大きい A_2 に関して GNF 型でないものを探すが, それはない. そのつぎに番号が大きい A_1 に関して GNF 型でないものを探すと, $A_1 \to A_2 A_2$ がある. 生成規則を置換する.

   $$A_1 \to 1 A_2, \quad A_1 \to 0 A_1 A_2, \quad A_1 \to 0 A_1 Z A_2, \quad A_1 \to 1 Z A_2$$

   この時点で, $A_1 \to A_2 A_2$ は除去しておく.

6. Z について生成規則の置換を行う．

$Z \to A_2A_1$ については，

$$Z \to 1A_1, \quad Z \to 0A_1A_1, \quad Z \to 0A_1ZA_1, \quad Z \to 1ZA_1$$

$Z \to A_2A_1Z$ については，

$$Z \to 1A_1Z, \quad Z \to 0A_1A_1Z, \quad Z \to 0A_1ZA_1Z, \quad Z \to 1ZA_1Z$$

となる．そして，$Z \to A_2A_1$, $Z \to A_2A_1Z$ は除去する．

このように，P 中のグライバッハ標準形でない生成規則を変換してできた上記の生成規則すべてと，P 中のもともとグライバッハ標準形であった規則とが，G と同じ言語を生成するグライバッハ標準形の生成規則である．あとは，$N = \{Z, A_1, A_2\}$, $\Sigma = \{0,1\}$, $S = A_1$ とすることで，CNF の GNF 化が完了する．

4.6 構文解析

文脈自由文法における語の導出は木（tree）で表現できる．まず，開始記号 S を木の根（root）とする．語の導出において，規則 $A \to Y$ を使って $xAy \Rightarrow xYy$, $A \in N$, $x,y \in (\Sigma \cup N)^*$, $Y \in (\Sigma \cup N)^+$ としたとき，すでに構築した（部分）木の「葉」にある A から Y を構成する各アルファベット記号に向けた枝を張る（図 4.12）．語の導出が完了した時点で，その語を構成する終端記号がその木の葉になっている．文脈自由文法 G における語 w の導出によってつくられる木を，G における語 w の**構文木**あるいは**導出木**という．

たとえば，例 4.4 の $G4$ において，$S \Rightarrow S*S \Rightarrow S*S+S \Rightarrow^* 1*1+1$ なる導出木は図 4.13 のようになる．

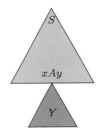

図 **4.12** 文脈自由文法における語の導出

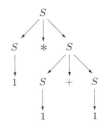

図 **4.13** $G4$ において $1*1+1$ となる導出木

文法 G が与えられており，$L(G)$ を文法 G が生成する言語とする．形式文法のことを生成文法ともいうように，$L(G)$ に属する語を適当な順でつぎつぎに生成することは簡単である．しかし，任意の終端記号列 $w \in \Sigma^*$ に対して，G の生成規則を用いて，$L(G)$ に w が属するか否かを効率的に決定することはそれほど簡単ではない．言語 $L(G)$ に語 w が属するか否かを文法 G を用いて決定することを**構文解析** (parsing) を行うという．通常，構文解析の結果として，w の構文木（導出木）がつくられる．ただし，$L(G)$ に属さない $w \notin L(G)$ に対しては，w が $L(G)$ に属さないことを示す空集合などが結果となる．

構文解析の手法はこれまでに多く提案されてきた．それらは，大きく分けて上昇型構文解析と下降型構文解析とに分けられる．まず，下降型構文解析から見ていこう．

4.6.1 ● 下降型構文解析（トップダウン型構文解析）

開始記号 S から出発して，w へ向かって解析を進めていく構文解析方式を**下降型構文解析**（top-down parsing）とよぶ．文脈自由文法に対して，構文解析では一般に，途中でどの生成規則を適用するべきかを一意的に決定できず，試行錯誤を行う必要がある．しかし，下降型構文解析においては，適用すべき生成規則の決定が一意的に行えるような文脈自由文法の部分クラス $LL(k)$ 文法（$LL(k)$ grammar）を扱う．

以下，この文法を説明する．まず，重要な概念である最左導出を定義する．語の導出の各ステップにおいて，一番左の非終端記号を置き換えていく導出を**最左導出**という．さて，k を正の整数とするとき，文脈自由文法 $G = \langle N, \Sigma, P, S \rangle$ が **$LL(k)$ 文法**であるとは

> 最左導出により $S \Rightarrow^* uA\beta$ まで解析が進んでおり，さらに最左導出により最終的に $uA\beta \Rightarrow u\alpha\beta \Rightarrow^* uv$, $A \in N$, $\alpha\beta \in (N \cup \Sigma)^*$, $uv \in \Sigma^*$ となるべきとしたとき，v の先頭からたかだか k 個の記号を見るだけで，$uA\beta$ の A に適用すべき生成規則 $A \to \alpha$ が一意的に決定できる

という性質をもつときをいう．

語 w の **Left**（左）から走査して，**Leftmost**（最左）導出を行い，その途中では k 個の先読みを許すことによって確定的に進められるため，$LL(k)$ の名がついている．以下で，$LL(k)$ 文法とその下降型構文解析の例を挙げよう．

例 4.6　下降型構文解析

文脈自由文法 $G = \langle \{S, A, B\}, \{a, b\}, P, S \rangle$ に対し，$w = aaabbab \in L(G)$ であるか否かを判定する．ただし，$P = \{S \to aA,\ S \to bB,\ A \to aaB,\ A \to ab,\ B \to bbA,\ B \to bA\}$ である．

(1) まず，S に対して生成規則 $S \to aA$ を適用すると，aA が得られる．

(2) つぎに適用できる可能性のある生成規則は，$A \to aaB$ か $A \to ab$ かのどちらかである．$w = aaabbab$ の第 2 記号 a から 2 記号先読みすると，それは a である．それゆえ，適用できる規則は $A \to aaB$ であることがわかり，これを適用すると，ここまでで第 1 記号から第 3 記号のまでの aaa が導出されたことになる．

(3) つぎに適用できる可能性のある生成規則は，$B \to bbA$ か $B \to bA$ かのどちらかであるが，第 4 記号の b の一つ先読みをするとそれは b であり，適用できるのは $B \to bbA$ のほうであることが決まる．これを適用すると，第 1 記号から第 5 記号までの $aaabb$ が導出されたことになる．

(4) つぎに適用できる可能性がある規則は，$A \to aaB$ か $A \to ab$ かのどちらかである．$w = aaabbab$ の第 6 記号 a から 1 記号先読みすると b なので，適用できるのは $A \to ab$ であり，これを適用して，$w = aaabbab$ が導出される．

以上のように，G は入力記号列をたかだか 2 記号だけ先読みすれば，どの生成規則を適用するべきかが一意的に決定できる．したがって，G は $LL(2)$ 文法である．

4.6.2　上昇型構文解析（ボトムアップ型構文解析）

上昇型構文解析は以下のような手順で解析を行う．すなわちまず，**ハンドル**とよばれる記号列を見つける．ハンドルは，最初は語 w の部分記号列で生成規則のどれかの右辺と一致する記号列で，後の段階では，$N \cup \Sigma$ 上の記号列で生成規則の右辺と一致する部分記号列である．後の例で出てくるものであるが，入力が $1 + 1 \times 1$ のとき，生成規則に $F \to 1$ があったとして，この右辺の 1 と入力の先頭の 1 が一致するので，1 がハンドルとなりうる．続いて，見つかったハンドルを左辺の非終端記号で置き換える**還元**（reduce）という操作を行う．すぐ上の例だと，$1 + 1 \times 1$ の先頭の 1 を $F \to 1$ の左辺の F に置き換えて $F + 1 \times 1$ とする操作である．上昇型構文解析は，このハンドルの検出とその還元を繰り返し行い，最終的に開始記号 S にまで還元することができるか否かを調べる方法である．一般に，この過程途中の還元に関して試行錯誤が必要となる．

とくに，確定的に上昇型構文解析が可能な文脈自由文法の部分クラスとして，$LR(k)$ 文法（$LR(k)$ grammar）とよばれる文法がある．以下，これを説明するため，k を非負の整数とする．以下で**最右導出**とは，語の導出の各ステップにおいて，一番右の非終端記号を置き換えていく導出のことである．

文脈自由文法 $G = \langle N, \Sigma, P, S \rangle$ が **$LR(k)$ 文法**であるとは，開始記号 S がどの生成規則の右辺に現れず，かつ

> w の最右導出の逆の還元により $\alpha\beta v \Rightarrow^* w$，$\alpha\beta \in (N \cup \Sigma)^*$，$v, w \in \Sigma^*$ まで解析が進められ，さらに最右導出によって $S \Rightarrow^* \alpha Av \Rightarrow \alpha\beta v$ となるべきとしたときに，v の先頭からたかだか k 個の記号を見るだけで，$\alpha\beta v$ 中の β がハンドルであり，それを生成規則 $A \to \beta$ によって還元すべきことが一意的に決定できる

という性質をもつときをいう．

語を **L**eft（左）から走査して，その語の **R**ightmost（最右）導出の逆の還元が k 個の先読みをすることによって確定的に行えることから，$LR(k)$ の名がある．以下，$LR(k)$ 文法と上昇型構文解析を例で見てみよう．

例 4.7　上昇型構文解析

文脈自由文法 $G = \langle \{S, E, F, T\}, \{1, +, \times, (,), \$\}, P, S \rangle$ に対し，$w = (1 + 1 \times 1)\$ \in L(G)$ であるか否かを判定する．ただし，$P = \{S \to E\$, E \to E + T, E \to T, T \to T \times F, T \to F, F \to (E), F \to 1\}$ である．

語 w の最右導出を逆方向にたどっていく還元の様を表 4.3 に示す．表において，

- 「入力バッファ」は入力記号列を保持し，処理された記号は消去される．
- 「スタック」には，入力バッファから 1 記号読んではそれが積まれる．ハンドルに対して還元が行われた場合は，ハンドル部分が還元結果に置き換えられる．
- 入力バッファの列における太字の記号は，先読みの対象となっている記号を表す．
- 動作の列における「シフト」は，入力バッファからスタックへ，未読の記号列の一番左の記号を読み込むことを意味する．
- ステップ 5 でとりうる動作は，生成規則 $E \to T$ の適用による還元か，$T \to T \times F$ を適用するためのシフトである．そのどちらかかを決定するために 1 記号 + を先読みし，適用できる規則が $E \to T$ のほうだと判断し，その結果，還元を選んでいる．これは，「$E \to T$ により還元できるのは，T を E に還元したとすると E の直後に出現しうる終端記号は \$ か + か，あるいは) のとき」という G の導出に関する性質によっている．
- ステップ 10 と 14 と 18 においても，同様の先読みが行われている．

以上のように，記号列をたかだか1記号だけ先読みすることによって，ハンドルとその還元すべき生成規則を G は一意的に決定できる．したがって G は $LR(1)$ 文法である．

表 4.3 $(1+1\times 1)\$$ の構文解析における動作例

ステップ	入力バッファ	スタック	動作
1	$(1+1\times 1)\$$		シフト
2	$1+1\times 1)\$$	$($	シフト
3	$+1\times 1)\$$	$(1$	$F \to 1$ により還元．1 がハンドル
4	$+1\times 1)\$$	$(F$	$T \to F$ により還元．F がハンドル
5	$+1\times 1)\$$	$(T$	1 記号先読みして次動作を決定
			$E \to T$ により還元．T がハンドル
6	$+1\times 1)\$$	$(E$	シフト
7	$1\times 1)\$$	$(E+$	シフト
8	$\times 1)\$$	$(E+1$	$F \to 1$ により還元．1 がハンドル
9	$\times 1)\$$	$(E+F$	$T \to F$ により還元．F がハンドル
10	$\times 1)\$$	$(E+T$	1 記号先読みして次動作を決定
			シフト
11	$1)\$$	$(E+T\times$	シフト
12	$)\$$	$(E+T\times 1$	$F \to 1$ より還元．1 がハンドル
13	$)\$$	$(E+T\times F$	$T \to T\times F$ により還元．$T\times F$ がハンドル
14	$)\$$	$(E+T$	1 記号先読みして次動作を決定
			$E \to E+T$ により還元．$E+T$ がハンドル
15	$)\$$	$(E$	シフト
16	$\$$	(E)	$F \to (E)$ により還元．(E) がハンドル
17	$\$$	F	$T \to F$ により還元．F がハンドル
18	$\$$	T	1 記号先読みして次動作を決定
			$E \to T$ により還元．T がハンドル
19	$\$$	E	シフト
20		$E\$$	$S \to E\$$ により還元．$E\$$ がハンドル
21		S	受理

4.6.3 ● 文法のあいまいさ

例 4.4 の文法 $G4$ において語 $1*1+1$ を考えよう．図 4.14 のように，この語の導出木は複数ある．一般に，ある語の導出木が複数あるような文法は**あいまい**であるという．たとえばプログラミング言語の文法としては，あいまいな文法は不適切なので，等価なあいまいでない文法をつくりたい．そこで，あいまい性を除去をすることを考えよう．たとえば，先の $G4$ において，$+$ よりも $*$ の優先度が高いことに着目し，優先順位ごとに異なる変数（非終端記号）を用意する．さらに，$+$ を含む式には S を対応させ，$*$ を含む式には T を対応させる．

$$G4' = \langle \{S, T, F\}, \{1, +, *\}, P, S \rangle$$
$$P = \{S \to S + T, S \to T, T \to T * F, T \to F, F \to 1\}$$

こうしてできた $G4'$ は，あいまいでない文法で，かつ $G4$ と同じ言語を生成することができる（図 4.15）．

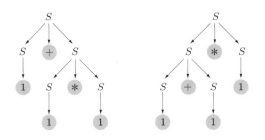

図 4.14 文法 $G4$ における語 $1 + 1 * 1$ の二つの導出木

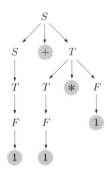

図 4.15 文法のあいまいさをなくした文法 $G4'$ による語 $1 + 1 * 1$ の導出木

残念ながら，任意に与えられた文脈自由文法に対して，それがあいまいであるかどうかを判定する一般的アルゴリズムは存在しない．しかし，幸いなことに，多くの場合には除去可能である．たとえば $G4$ の場合は，演算子の優先順序が考慮されていないのがあいまいさの原因なので，演算子の優先順序を考慮した文法を構成してあいまいさを取り除くことができる．

Exercise 4.4　CFG1

（1）以下の文法 $G1$ を改良して，規則の右辺の S をなくせ．

$$G1 = \langle N, \Sigma, P, S \rangle$$
$$N = \{S\}$$
$$\Sigma = \{a, b, c\}$$

$$P = \{S \to aSa,\ S \to bSb,\ S \to c\}$$

(2) 文法 $G1$ を参考にして，言語 $\{ww^R \mid w \in \{0,1\}^+\}$ を生成する文法を与えよ．ただし，w^R は w の鏡像である．

(3) 以下の文法 $G2$ を参考にして，言語 $\{0^i 1^{2i} \mid i = 1, 2, 3, \ldots\}$ を生成する文法を与えよ．

$$G2 = \langle N,\ \Sigma,\ P,\ S \rangle$$
$$N = \{S\}$$
$$\Sigma = \{0, 1\}$$
$$P = \{S \to 0S1,\ S \to 01\}$$

Exercise 4.5　CFG2

(1) 括弧言語（ディック言語）の要素はどんな形をしているか．

(2) 括弧言語（ディック言語）はあいまいか．

(3) $G4$ はあいまいか．

$$G4 = \langle N,\ \Sigma,\ P,\ S \rangle$$
$$N = \{S\}$$
$$\Sigma = \{1, +, *\}$$
$$P = \{S \to 1,\ S \to S + S,\ S \to S * S\}$$

4.7　文脈自由文法とプッシュダウンオートマトン

4.7.1 プッシュダウンオートマトンの受理言語 3 種

決定性・非決定性のどちらについても，プッシュダウンオートマトンの受理言語に関して，本書で採用し，先に述べた定義以外に以下の二つがある．

> **空スタックによる受理**
>
> この受理の定義においては，入力記号列を読み終えたときに，スタックが空であればその入力記号列を受理し，さもなければ受理せず，そのときの状態に関しては問題にしない．プッシュダウンオートマトンを $M = \langle Q, \Sigma, \Gamma, \delta, q_0, Z_0, F \rangle$ とし，この受理方式による M の受理言語を $L_A(M)$ と書くと，
>
> $$L_A(M) = \{w \in \Sigma^* \mid (q_0, w, Z_0) \vdash_M^* (q, \varepsilon, \varepsilon)\}$$
>
> である．

> **受理状態による受理**
>
> 　入力記号列を読み終えたときに，受理状態であればその記号列を受理し，そうでなければ受理しない．この場合は，スタックが空でなくてもよい．プッシュダウンオートマトンを $M = \langle Q, \Sigma, \Gamma, \delta, q_0, Z_0, F \rangle$ とし，この受理方式による M の受理言語を $L_N(M)$ と書くと，
> $$L_N(M) = \{w \in \Sigma^* \mid (q_0, w, Z_0) \vdash_M^* (q, \varepsilon, \gamma),\ q \in F,\ \gamma \in \Gamma^*\}$$
> である．

念のため，先に述べた受理言語の定義を再掲しておく．

> **受理状態と空スタックの両方による受理**
>
> 　入力記号列を読み終えたときに，受理状態かつスタックが空であればその入力記号列を受理し，さもなければ受理しない．プッシュダウンオートマトンを $M = \langle Q, \Sigma, \Gamma, \delta, q_0, Z_0, F \rangle$ とし，この受理方式による M の受理言語を $L(M)$ と書くと，
> $$L(M) = \{w \in \Sigma^* \mid (q_0, w, Z_0) \vdash_M^* (q, \varepsilon, \varepsilon),\ q \in F\}$$
> である．

非決定性プッシュダウンオートマトンに関しては，これら三つの受理言語の定義は，つぎに述べる意味で等価である．

1. M を任意の非決定性 PDA とし，それが空スタックにより受理する言語を $L_N(M)$ とする．そのとき，$L_N(M) = L_A(\tilde{M}) = L(\tilde{M})$ となる非決定性 PDA $\tilde{M}$ が存在する．
2. M を任意の非決定性 PDA とし，それが受理状態により受理する言語を $L_A(M)$ とする．そのとき，$L_A(M) = L_N(\tilde{M}) = L(\tilde{M})$ となる非決定性 PDA $\tilde{M}$ が存在する．
3. M を任意の非決定性 PDA とし，それが受理状態かつ空スタックにより受理する言語を $L(M)$ とする．そのとき，$L(M) = L_N(\tilde{M}) = L_A(\tilde{M})$ となる非決定性 PDA $\tilde{M}$ が存在する．

たとえば，1 を示すには，非決定性 PDA M から $\tilde{M}$ を以下のようにつくる．すなわち，$\tilde{M}$ の状態集合は，M のそれと同じものに，新たに $\tilde{M}$ の初期状態 $\tilde{q}_0$ と唯一の受理状態 f とを加えたもので，M の初期状態に対応する q_0 とすべての受理状態はふつう

の状態，つまり初期状態でも受理状態でもない状態とする．$\tilde{M}$ のスタック記号は M のそれに $\tilde{M}$ のボトム記号 Y_0 を加えたものとする．$\tilde{M}$ の状態遷移関数は，基本的には M のそれと同一で，以下の動作を行うように定義する．すなわち，まずスタックに M のスタック開始記号である Z_0 を積むことからスタートし，それから M のスタックが空になるまで M の動作を模倣する．その後，$\tilde{M}$ の唯一の受理状態である f に移り，$\tilde{M}$ スタック開始記号 Y_0 を消去する．このように構成した $\tilde{M}$ は，M が空スタックにより受理する言語を受理状態で，あるいは受理状態かつ空スタックで受理する．

決定性プッシュダウンオートマトンの場合には，上記定理の 1 と同様な定理が成り立つが，2 と 3 が成り立たない．それゆえ，決定性プッシュダウンオートマトンではこれらの定義は等価ではない．

章末の付記に上記三つをそれぞれを定理として述べ，その証明を与えた．

4.7.2 ● 非決定性プッシュダウンオートマトンと文脈自由言語の等価性

正規言語のクラスと有限状態オートマトンが受理する言語のクラスは等しかった．同様に，文脈自由文法の生成言語のクラスと非決定性 PDA の受理言語のクラスとは等しい．すなわち，任意の非決定性 PDA の受理言語は文脈自由言語であり，逆に，任意の文脈自由言語はある非決定性 PDA で受理される．

> ［証明の方針］
> 任意の CFG G に対し，$L(G) = L(M)$ となる NPDA M があることを示す．
> 任意の NPDA M に対し，$L(G) = L(M)$ となる CFG G があることを示す．

これを厳密に示そう．以下では，文法における語の導出に関して，$\alpha \Rightarrow^k \beta$ は，記号列 α から β が k 回の生成規則の適用による書き換えで得られたことを表すとし，長さ k の導出という．同様に，NPDA における時点表示の変遷において，$(q, w, \alpha) \vdash^k_M (q', w', \beta)$ は，(q, w, α) から (q', w', β) への時点表示の k 回の推移を表す．

上記の主張をまず例をとおして見てみる．前項で，プッシュダウンオートマトンの受理言語の等価な定義として，空スタックによる受理（と受理状態による受理）をわざわざ述べたのには実は理由がある．それは，本項の主題であるプッシュダウンオートマトンと文脈自由言語の等価性を示すことが，空スタックによる受理を考えると比較的簡単になるためである．

まず，与えられた文脈自由言語 L に対して，$L = L(M)$ である非決定性プッシュダウンオートマトン M が存在することを示すために，L を受理する NPDA M を実際に構築するのであるが，その例をあげよう．文脈自由文法

$$G = \langle N, \Sigma, P, S \rangle$$
$$\Sigma = \{0, 1\}$$
$$N = \{S\}$$
$$P = \{S \to 0S, S \to 1SS, S \to 0, S \to 1\}$$

が生成する言語 $L(G)$ を空スタックで受理する PDA M は以下で与えられる．

$$M = \langle \{q\}, \Sigma, N, \delta, q, S, \phi \rangle$$

M の状態はただ一つだけで，それは初期状態でもあり，受理状態は空集合である．入力アルファベット Σ は，当然，文法 G の終端記号の集合と同じ Σ である．また，スタック記号は，文法 G の定義中の非終端記号の集合 $N = \{S\}$ であり，スタックのボトム記号は，G の開始記号である S である．

状態遷移関数 δ は，「文法の生成規則に $A \to a\gamma, a \in \Sigma, \gamma \in N^*$ があるとき，かつそのときに限り $\delta(q, a, A)$ は (q, γ) を含む」ように定義される．この例の場合は，G の生成規則は四つであり，そのうちのたとえば $S \to 1SS$ から，$\delta(q, 1, S)$ は (q, SS) を含むことがわかり，その他の三つの生成規則も同様に考えると，

$$\delta(q, 0, S) = \{(q, S), (q, \varepsilon)\}$$
$$\delta(q, 1, S) = \{(q, SS), (q, \varepsilon)\}$$

となる．このようにして文法 G をもとに構成した PDA M は，$L(G)$ を空スタックで受理する．

この例で見たことを定理として述べ，その証明を与えよう．以下では，$\Rightarrow^k$ は続く k 回の書き換えを，$\vdash_M^k$ は様相の続く k 回の推移を表すとする．

定理

任意の文脈自由言語 L に対して，$L = L(M)$ である非決定性プッシュダウンオートマトン M が存在する．

[証明] 簡単のため，L は ε を含まないとする．文脈自由言語 L を生成する文脈自由文法

$$G = \langle N, \Sigma, P, S \rangle$$

をグライバッハ標準形としたとき，この文法による最左導出を模倣する空スタックで受理する 1 状態の NPDA M を構築しよう．そのような M が構築できれば，前項で示したように，$L(\tilde{M}) = L_N(M)$ なる受理状態かつ空スタックで語を受理する NPDA $\tilde{M}$ が存在するので定理の証明は終わる．

その M を

$$M = \langle \{q\}, \Sigma, N, \delta, q, S, \phi \rangle$$

とする．状態は q ただ一つで，当然それは初期状態でもあり，受理状態は空集合である．また，スタック記号は，文法 G の定義中の非終端記号の集合 N であり，スタックのボトム記号は G の開始記号である S であることに注意してほしい．

文法 G はグライバッハ標準形なので，S から始まる語の最左導出は以下のように書ける．

$$S \Rightarrow a_1 A_1 \gamma_1 \Rightarrow a_1 a_2 A_2 \gamma_2 \Rightarrow^* a_1 a_2 \cdots a_{n-1} A_{n-1} \Rightarrow a_1 a_2 \cdots a_n$$

ただし，$a_1, \ldots, a_n \in \Sigma$ で，$A_1, \ldots, A_{n-1} \in N$，また，$\gamma_1, \ldots, \gamma_{n-2} \in N^*$ である．NPDA M は，この最左導出を以下のような時点表示の推移で模倣する．

$$\begin{aligned}
(q, a_1 a_2 \cdots a_n, S) &\vdash_M (q, a_2 a_3 \cdots a_n, A_1 \gamma_1) \\
&\vdash_M (q, a_3 \cdots a_n, A_2 \gamma_2) \\
&\vdash_M^* (q, a_n, A_{n-1}) \\
&\vdash_M (q, \varepsilon, \varepsilon)
\end{aligned}$$

この動作でわかるように，M はスタック操作だけで語の最左導出を模倣する．詳しく述べると，M は，記号 a_1 とスタックボトム記号 S を読んで，スタックトップにある S を $A_1 \gamma_1$ に書き換える．この書き換えは，語の最左導出において，生成規則 $S \rightarrow \alpha_1 A_1 \gamma_1$ が用いられたことに対応している．続いて，記号 a_2 とスタックトップの A_1 を読んで，$A_1 \gamma_1$ を $A_2 \gamma_2$ とする．これは，A_1 が a_2 より始まる記号列に書き換えられたことに対応している．以下同様に処理が行われ，最終的に生成規則 $A_{n-1} \rightarrow a_n$ が適用されたことに対応して，M は，a_n を読んだときにスタック記号 A_{n-1} を消し，最後の時点表示 $(q, \varepsilon, \varepsilon)$ となる．

このような最左導出の模倣動作を M を行わせるため，状態遷移関数 δ を以下のように定義する．

> 文法 G の生成規則に $A \rightarrow a\gamma, a \in \Sigma, \gamma \in N^*$ があるとき，かつそのときに限り $\delta(q, a, A)$ は (q, γ) を含む，つまり $(q, \gamma) \in \delta(q, a, A)$ とする．

以上のように構築した NPDA M が，G の最左導出を正確に模倣することを示そう．すなわち，$w \in \Sigma^+$, $\gamma \in N^*$ としたとき，$S \Rightarrow^k w\gamma$ であるとき，かつそのときに限り $(q, w, S) \vdash_M^k (q, \varepsilon, \gamma)$ であることを証明する．証明は，M の時点表示の推移回数と G における導出回数に関する帰納法による．

(1) まず，$(q, w, S) \vdash_M^k (q, \varepsilon, \gamma)$ ならば $S \Rightarrow^k w\gamma$ であることを示す．$k = 1$ のときは，$(q, w, S) \vdash_M (q, \varepsilon, \gamma)$ から $w = a \in \Sigma$ であり，$(q, \gamma) \in \delta(q, a, S)$ となる．よって，NPDA M の状態遷移関数 δ のつくり方から，G には生成規則 $S \rightarrow a\gamma$ がある．ゆえに $S \Rightarrow a\gamma$ が成り立つ．

$k > 1$ のとき，任意の語 $w' \in \Sigma^+$ と，任意のスタック記号列 $\alpha \in N^+$ に対し，
$$(q, w', S) \vdash_M^{k-1} (q, \varepsilon, \alpha) \text{ ならば } S \Rightarrow^{k-1} w'\alpha$$
が成り立つと仮定する．時点表示の k 回の推移 $(q, w, S) \vdash_M^k (q, \varepsilon, \gamma)$ は，初めの $k-1$ 回と最後の 1 回に分けることができるので，$w = w'a, w' \in \Sigma^+, a \in \Sigma$ とおくと，
$$(q, w'a, S) \vdash_M^{k-1} (q, a, \alpha) \vdash_M (q, \varepsilon, \gamma)$$
と書くことができる．この推移において，入力記号 a は，M の最初の $k-1$ 回の推移において何の影響も及ぼさないので，$(q, w', S) \vdash_M^{k-1} (q, \varepsilon, \alpha)$ が成り立つ．よって，帰納法の仮定により $S \Rightarrow^{k-1} w'\alpha$ が成り立つ．また，$(q, a, \alpha) \vdash_M (q, \varepsilon, \gamma)$ であることは，M の状態遷移関数 δ のつくり方から，$\alpha = A\beta$ であるような非終端記号 A に対して，生成規則 $A \to a\chi$ が G の規則の集合 P に含まれていることを意味する．ただし，$\gamma = \chi\beta$ であるとする．ゆえに，
$$S \Rightarrow^{k-1} w'a (= w'A\beta) \Rightarrow w'a\delta\beta (= w'a\gamma)$$
であり，$S \Rightarrow^k w'a\gamma$，すなわち $S \Rightarrow^k w\gamma$ が成り立つ．

(2) つぎに逆を示そう．すなわち，$S \Rightarrow^k w\gamma$ であれば $(q, w, S) \vdash_M^k (q, \varepsilon, \gamma)$ であることを示す．$k = 1$ のとき，$S \Rightarrow w\gamma$ から $w = a \in \Sigma$ となり，文法 G は生成規則 $S \to a\gamma$ をもつ．よって，NPDA M の状態遷移関数 δ のつくり方から，$(q, \gamma) \in \delta(q, a, S)$ であり，$(q, w, S) \vdash_M (q, \varepsilon, \gamma)$ が成り立つ．

$k > 1$ のとき，任意の語 w' と任意のスタック記号列 α に対し，
$$S \Rightarrow^{k-1} w'\alpha \text{ であれば，} (q, w', S) \vdash_M^{k-1} (q, \varepsilon, \alpha)$$
が成り立つと仮定する．長さ k の導出は，長さ $k-1$ の導出の後に長さ 1 の導出を行ったものであるから，$S \Rightarrow^k w\gamma$ は $w = w'a$ とおくと，
$$S \Rightarrow^{k-1} w'A\beta \Rightarrow w'a\chi\beta$$
と書かれるとしてよい．ここで，$\gamma = \chi\beta$ である．この導出の最初の長さ $k-1$ の導出に対しては，帰納法の仮定により $(q, w', S) \vdash_M^{k-1} (q, \varepsilon, A\beta)$ が成り立つ．これは $(q, w'a, S) \vdash_M^{k-1} (q, a, A\beta)$ が成り立つことを意味する．最後の長さ 1 の導出 $w'A\beta \Rightarrow w'a\delta\beta$ は，生成規則 $A \to a\delta$ が P に含まれていることを示している．それゆえ，M の状態遷移関数 δ のつくり方から，$\delta(q, a, A)$ は (q, δ) を含む．よって，$(q, w'a, S) \vdash_M^k (q, \varepsilon, \delta\beta)$ が成り立つ．（証明終）

今度は逆に，与えられた非決定性プッシュダウンオートマトン M に対して，$L_N(M) = L(G)$ である文脈自由文法 G を，M から構築する例を挙げよう．以下の NPDA M を考える．
$$M = \langle Q, \Sigma, \Gamma, \delta, q_0, Z_0, \phi \rangle$$

$$Q = \{q_0, q_1\}, \quad \Sigma = \{0, 1\}, \quad \Gamma = \{A, Z_0\}$$
$$\delta(q_0, 0, Z_0) = \{(q_0, AZ_0)\}, \quad \delta(q_0, 1, A) = \{(q_1, \varepsilon)\}$$
$$\delta(q_1, 1, A) = \{(q_1, \varepsilon)\}, \quad \delta(q_1, 1, Z_0) = \{(q_1, \varepsilon)\}$$

この M に対して，文脈自由文法 $G = \langle N, \Sigma, P, S \rangle$ を以下のように構成する．

まず，終端記号の集合 Σ は，M の入力アルファベット $\{0, 1\}$ である．非終端記号には開始記号 S があるほか，二つの状態 $q, \hat{q} \in Q$ とスタック記号 $A \in \Gamma$ から記号 $[qA\hat{q}]$ をつくり，これを G の一つの非終端記号とする．おおまかにいうと，これは，「現在の状態が q でスタックトップの記号が A の様相から，その A をポップした直後の状態が $\hat{q}$ になるまでの計算で M が読んだ入力記号列」という意味をもつ．

語 w の受理計算では，定義から，NPDA は w を左から 1 記号ずつ読む．その動作に鑑み，また，グライバッハ標準形での語の最左導出では左から順に終端記号が定まっていくことに着目し，以下のように生成規則をつくる．

(i) 生成規則 $S \to [q_0 Z_0 q]$ をすべての $q \in Q$ に対してつくる．上記 M の場合は $Q = \{q_0, q_1\}$ なので，$S \to [q_0 Z_0 q_0]$, $S \to [q_0 Z_0 q_1]$ の二つとなる．

(ii$_a$) NPDA M の状態遷移関数 δ に対し，

$$(q', B_1 B_2 \cdots B_k) \in \delta(q, a, A), \quad q, q' \in Q, \quad a \in \Sigma, \quad A, B_1, \ldots, B_k \in \Gamma \quad (\star)$$

のとき，生成規則

$$[qAq^{(k)}] \to a [q' B_1 q^{(1)}] [q^{(1)} B_2 q^{(2)}] \cdots [q^{(k-1)} B_k q^{(k)}]$$

をすべての $q^{(1)}, \ldots, q^{(k)} \in Q$ に対してつくる．語 w を受理する M の計算の途中で，スタックトップに $B_1 \cdots B_k$ が積まれていたら，以降の計算で $B_1, \ldots, B_k$ はすべてポップされる．それに注意すると，$\delta(q, a, A) \ni (q', B_1 \cdots B_k)$ であるとき，状態 q で入力記号が a・スタックトップが A の様相からの計算で，B_k がポップされる（直後の状態が $q^{(k)}$）までに M が読み進む語は，記号 a と，状態 q' でスタックトップが B_1 の様相から B_1 がポップされる（直後の状態が $q^{(1)}$）までに読む語と，$\ldots$，状態 $q^{(k-1)}$ でスタックトップが B_k の様相から B_k がポップされる（直後の状態が $q^{(k)}$）までに読む語，の連接であることが理解されよう．上記生成規則はこれを反映している．

(ii$_b$) また，$(q', \varepsilon) \in \delta(q, a, A)$ のときには，以下を生成規則に加える．

$$[qAq'] \to a$$

上の (i) と (ii) を M にあてはめると，まず，$\delta(q_0, 0, Z_0) = \{(q_0, AZ_0)\}$ であるので，上の $(\star)$ 中の q には q_0 が，a には 0 が，A には Z_0 が対応し，q' には q_0 が対応し，$k = 2$ で，B_1 には A が，B_2 には Z_0 が対応して，$q^{(1)}, q^{(2)}$ は q_0 と q_1 のいずれもとりうるので，この状態遷移からつぎの四つの生成規則が出てくる．

$$[q_0 Z_0 q_0] \to 0[q_0 A q_0][q_0 Z_0 q_0], \quad [q_0 Z_0 q_0] \to 0[q_0 A q_1][q_1 Z_0 q_0]$$
$$[q_0 Z_0 q_1] \to 0[q_0 A q_0][q_0 Z_0 q_1], \quad [q_0 Z_0 q_1] \to 0[q_0 A q_1][q_1 Z_0 q_1]$$

同様に，$\delta(q_1, 1, Z_0) = \{(q_1, \varepsilon)\}$，$\delta(q_0, 1, A) = \{(q_1, \varepsilon)\}$，$\delta(q_1, 1, A) = \{(q_1, \varepsilon)\}$ からは，それぞれ

$$[q_1 Z_0 q_1] \to 1, \quad [q_0 A q_1] \to 1, \quad [q_1 A q_1] \to 1$$

が出てくる．

上記 (i), (ii) でつくられた生成規則の集合を文法 G の P とする．また，その生成規則の集合 P に含まれる生成規則中に現れるすべての非終端記号の集まりを G の非終端規則の集合 N とする．ただし，この場合は文法の簡素化をし，不要な規則を削除すれば

$$S \to 0[q_0 A q_1][q_1 Z_0 q_1], \quad [q_0 A q_1] \to 1, \quad [q_1 Z_0 q_1] \to 1$$

の三つの生成規則だけが残る．わかりやすい非終端記号で書き直せば，たとえば

$$P = \{S \to 0BC, B \to 1, C \to 1\}$$

となる．この文法 G は，NPDA M が空スタックで受理する言語 $L_N(M)$ を生成する．

この例で見たことを，以下で定理として述べ，その証明を与えよう．

> **定理**
> 任意の非決定性プッシュダウンオートマトン M に対して，$L(M) = L(G)$ である文脈自由文法 G が存在する．

[証明] 空スタックで受理する NPDA を考える．それを

$$M = \langle Q, \Sigma, \Gamma, \delta, q_0, Z_0, \phi \rangle$$

とする．この NPDA M の動作を，最左導出で模倣するグライバッハ標準形の CFG G を以下のように構成しよう．その文法を

$$G = \langle N, \Sigma, P, S \rangle$$

とおくところから出発する．G の終端記号の集合 Σ は，当然 M の入力アルファベットと同一である．

PDA M の動作は時点表示で

$$(q, a_1a_2\cdots a_n, A\gamma) \vdash_M (q', a_2a_3\cdots a_n, B_1B_2\cdots B_k\gamma)$$

のように書くことができる．ただし，$q, q' \in Q$ で，$a_1, \ldots, a_n \in \Sigma$, $A, B_1, \ldots, B_k \in \Gamma$, $\gamma \in \Gamma^*$ である．先の定理の証明から，この時点表示の推移に対応して，G の生成規則として $A \to aB_1\cdots B_k$ をつくればよいと思うかもしれないが，それは十分ではない．先の定理の証明の NPDA は一つの状態しかもたず，スタック操作だけが語の受理に対して役割を演じたが，ここでの M は任意の NPDA なので，一般には複数の状態をもつ．そのため，現在の状態 q とつぎの状態 q' とを考慮して生成規則をつくる必要がある．

そこで，$q, q' \in Q$ で $A \in \Gamma$ として，文法 G における N の要素である非終端記号を

$$[qAq']$$

と表すことにする．これは，3つ組 $\langle q, A, q' \rangle$ を略記したもので，それは，状態が q で，スタックトップが A である様相から，その後に何ステップか進んで A がポップされて状態が q' になるまでの間に読み進んだ記号列，という意味合いをもつ．生成規則の中で，3つ組 $\langle q, A, q' \rangle$ をそのまま書くと間延びするので，それを $[qAq']$ と略記する．

この記法のもとで，まず G の生成規則をつくろう．以下では，すべての i, j について $q_i \in Q$ で $B_j \in \Gamma$, また，$a \in \Sigma \cup \{\varepsilon\}$ とする．

(i) 生成規則

$$S \to [q_0 Z_0 q]$$

をすべての $q \in Q$ に対してつくる．もちろん，q_0 は M の状態集合 Q の中のある決まった特定の初期状態である．これは，クライバッハの標準形ではないが，単位生成規則なので，最終的には除去可能である．

(ii) NPDA M の状態遷移関数 δ に対し，$(q_1, B_1 \cdots B_k) \in \delta(q, a, A)$ のとき，生成規則

$$[qAq_{k+1}] \to a[q_1 B_1 q_2][q_2 B_2 q_3]\cdots[q_k B_k q_{k+1}]$$

をすべての $q_2, \ldots, q_{k+1} \in Q$ に対してつくる．ただし，$(q_1, \varepsilon) \in \delta(q, a, A)$ のときには

$$[qAq_1] \to a$$

をつくる．ここで，$q_1, \ldots, q_{k+1}$ は，q_0 とは違って，NPDA M の特定の状態ではなく，状態集合 Q の各要素を値としてとりうる変数として扱っていることに注意してほしい．本来ならば $q^{(1)}$ とでも書くべきかもしれないが，煩雑になるのであえて上のような表記とした．

上記 (i) と (ii) でつくられた生成規則の集合を，文法 G の P とする．また，その生成規則の集合 P に含まれる生成規則中に現れるすべての非終端記号の集まりを G の非終端規則の集合 N とする．

以上のように NPDA M から構成された文法 G が，最左導出によって M を正確に模倣することを示す．すなわち，$w \in \Sigma^*$ に対し，$[qAq'] \Rightarrow^* w$ が最左導出であるとき，かつそのときに限り，$(q, w, A) \vdash_M^* (q', \varepsilon, \varepsilon)$ が成り立つことを証明する．証明は，G における導出の長さ l に関する帰納法で行う．

(1) まず，$[qAq'] \Rightarrow^l w$ が最左導出であるとき，$(q, w, A) \vdash_M^* (q', \varepsilon, \varepsilon)$ が成り立つことを示す．$l = 1$ の帰納法の基底の場合は，$[qAq'] \Rightarrow w$ は，生成規則 $[qAq'] \to w$ があることを意味する．G の構成で生成規則の矢印の右辺が終端記号のみからなるものは $[qAq'] \to a$ のタイプのものしかないので，$w = a$ かつ $\delta(q, a, A) = (q', \varepsilon)$ である．よって，$(q, w, A) \vdash_M^* (q', \varepsilon, \varepsilon)$ が成り立つ．ただし，$a = \varepsilon$ でもかまわない．

つぎに $l > 1$ とし，長さ $l-1$ までの最左導出に関して主張が成り立つと仮定する．長さ l の最左導出 $[qAq'] \Rightarrow^l w$ は，長さ 1 の導出と長さ $l-1$ の導出に分けることができ，

$$[qAq'] \Rightarrow a[q_1 B_1 q_2] \cdots [q_k B_k q_{k+1}] \Rightarrow^{l-1} aw \quad (*)$$

となる．ここで，$q' = q_{k+1}$ とする．この導出のうち，$a[q_1 B_1 q_2] \cdots [q_k B_k q_{k+1}] \Rightarrow^{l-1} aw$ の部分の導出の長さは $l-1$ なので，各 $j = 1, \ldots, k$ に対して，長さが l よりも短い導出で $[q_j B_j q_{j+1}] \Rightarrow^* w_j$ となる語 $w_j \in \Sigma^*$ があって，$w = w_1 \cdots w_k$ となる．

各導出 $[q_j B_j q_{j+1}] \Rightarrow^* w_j$ の長さは l より短いので，帰納法の仮定より，これらの導出に対してそれぞれに NPDA M の時点表示の推移

$$(q_j, w_j, B_j) \vdash_M^* (q_{j+1}, \varepsilon, \varepsilon)$$

が存在する．この推移があることから，その両辺の時点表示に対し，スタックの底に同じ記号列 $B_{j+1} \cdots B_k$ を挿入すれば

$$(q_j, w_j, B_j B_{j+1} \cdots B_k) \vdash_M^* (q_{j+1}, \varepsilon, B_{j+1} \cdots B_k) \quad (j = 1, \ldots, k) \quad (**)$$

を得る．ところが，式 $(*)$ の最初の導出 $[qAq'] \Rightarrow a[q_1 B_1 q_2] \cdots [q_k B_k q_{k+1}]$ は，$(q_1, B_1 \cdots B_k) \in \delta(q, a, A)$，すなわち $\delta(q, a, A)$ が $(q_1, B_1 \cdots B_k)$ を含むことを意味するので，

$$(q, aw_1 \cdots w_k, A) \vdash_M (q_1, w_1 \cdots w_k, B_1 \cdots B_k)$$

が成り立つ．この導出の右辺に対し，$j = 1$ から順に k まで式 $(**)$ を適用することにより，

$$(q, w, A) \vdash_M^* (q_{k+1}, \varepsilon, \varepsilon)$$

が成り立つ．

(2) 今度は，$(q, w, A) \vdash_M^l (q', \varepsilon, \varepsilon)$ が成り立てば $[qAq'] \Rightarrow^* w$ が成り立つことを帰納

法で示す．$l=1$ とする．その場合は $w=a$ であり，$\delta(q,a,A)$ は (q',ε) を含むので，生成規則 $[qAq'] \to a$ が存在する．よって，$[qAq'] \Rightarrow^* a$ が成り立つ．ただし，a は ε であってもよい．

つぎに $l>1$ とし，長さ $l-1$ までの時点表示（あるいは様相）の推移に関して主張が成り立つと仮定する．語 w を aw', $a \in \Sigma$, $w' \in \Sigma^*$ とおくと，NPDA M の時点表示の l 回の推移 $(q,w,A) \vdash_M^l (q',\varepsilon,\varepsilon)$ は，最初の1回と残りの $l-1$ 回に分けて

$$(q,aw',A) \vdash_M (q_1,w',B_1 \cdots B_k) \vdash_M^{l-1} (q',\varepsilon,\varepsilon) \tag{$***$}$$

と書くことができる．この推移の後半の $(q_1,w',B_1 \cdots B_k) \vdash_M^{l-1} (q',\varepsilon,\varepsilon)$ において，M が w' の接頭語 w'_1 を読み終えたとき，k であったスタックの記号列の長さが初めて $k-1$ になり，残る記号列は $B_2 \cdots B_k$ になって，状態は q_2 になったとする．以下同様に，$w' = w'_1 \cdots w'_k$ として，w'_1 から w'_j までを M が読み込んだとき，スタックの記号列の長さが初めて $k-j$ となり，残る記号列は $B_{j+1} \cdots B_k$ になって，状態は q_{j+1} になったとする．

この約束のもとで，w' の部分語 w'_j に対する M の動作を考えると，

$$(q_j, w'_j, B_j) \vdash_M^* (q_{j+1}, \varepsilon, \varepsilon)$$

が成り立つ．この推移の回数は $l-1$ 回以下であり，帰納法の仮定により，最左導出

$$[q_j B_j q_{j+1}] \Rightarrow^* w'_j \quad (j=1,\ldots,k) \tag{$\sharp$}$$

が存在する．

一方，式 $(***)$ の時点表示の推移の最初の段階は，最左導出

$$[qAq_{k+1}] \Rightarrow a[q_1 B_1 q_2] \cdots [q_k B_k q_{k+1}]$$

が存在することを意味しているので，この式の右辺に，$j=1$ から k まで順に式 $(\sharp)$ を適用することにより，最左導出 $[qAq_{k+1}] \Rightarrow^* aw'_1 \cdots w'_k$，すなわち

$$[qAq_{k+1}] \Rightarrow^* aw'$$

が存在することがわかる．

以上で証明した (1) と (2) により，$w \in \Sigma^*$ に対し，$[qAq'] \Rightarrow^l w$ が最左導出であるとき，かつそのときに限り，$(q,w,A) \vdash_M^* (q',\varepsilon,\varepsilon)$ が成り立つ．とくに，$q=q_0$, $A=Z_0$ とし，また，$q'=q$ とおき直すと，$[q_0 Z_0 q] \Rightarrow^l w$ が最左導出であるとき，かつそのときに限り，$(q_0,w,Z_0) \vdash_M^* (q,\varepsilon,\varepsilon)$ が成り立つ．よって，生成規則の構成の (i) を考慮すると，$S \Rightarrow^l w$ であるとき，かつそのときに限り，$(q_0,w,Z_0) \vdash_M^* (q,\varepsilon,\varepsilon)$ となる．（証明終）

4.8 文脈自由言語に対するポンプの補題

正規言語に対するポンプと補題と同様の補題が，文脈自由言語にもある．それは，ある与えられた言語が文脈自由言語ではないことを証明するためによく用いられる．本章の最後にこれを述べよう．

文脈自由言語に対するポンプの補題

（pumping lemma for contex-free languages）

文脈自由言語 L に対して，以下を満足させる定数 n が存在する．すなわち，z が L に属する語で $|z| \geq n$ ならば，つぎの条件を満たす適当な語 u, v, w, x, y を選ぶことができる．

1. $z = uvwxy$
2. $|vwx| \leq n$
3. $|vx| \geq 1$
4. $uv^i wx^i y \in L \quad (i \geq 0)$

ここでも証明の代わりに定理の心を述べよう．文脈自由言語 L の十分に長い語 z を任意に一つ取ってきたとする．すると，$z = uvwxy$ というように，上の条件 2 から 4 を満たす五つの部分語 u, v, w, x, y の連接となる．まず，その「中央部分」vwx の長さは n 以下で，あまり長くないことを条件 2 は主張している．そのあまり長くない vwx のうち，v と x のどちらかは ε でないことを条件 3 は要請し，さらに，条件 4 は，v と x とがいわば「同調」して 0 を含めて同数だけ出現する語 $uv^i wx^i y$ ($i = 0, 1, 2, \ldots$) はすべて L の語であることを主張している．部分語 v と x の両方とも ε でない場合，この同調は，プッシュダウンオートマトンがスタックを利用して二つの（部分）語の「数合わせ」を行えることに対応している．また，プッシュダウンオートマトンは，二つの部分語の数合わせを行うことをせずに長い語も受理することができ，その場合は，v か x のどちらかが ε であり，上記条件は，正規言語に対するポンプの補題と同様の条件となる．

● 例題 4.6　文脈自由言語に対するポンプの補題

アルファベットを $\Sigma = \{a, b, c\}$ とする．このとき，Σ 上の言語 $L = \{a^i b^i c^i \mid i = 1, 2, \ldots\}$ は文脈自由言語でないことを示せ．

○ 解答例

背理法による．すなわち，言語 L が文脈自由言語であると仮定する．いま，n を

文脈自由言語に対するポンプの補題でその存在が主張される整数とする．そのとき，$z = a^n b^n c^n$（a が n 個，b も n 個，c も n 個）は L の語である．z は $|z| \geq n$ を満たす L の語なので，ポンプの補題より，適当な語 u, v, w, x, y を選んで，つぎの式を満たすようにすることができる．

$$z = uvwxy, \quad |vwx| \leq n, \quad |vx| \geq 1, \quad uv^i wx^i y \in L \quad (i \geq 0)$$

とくに，vwx の長さは n 以下であり，かつ v か x のどちらかは ε ではないことを念頭におくと，z の最後の a と最初の c との間には n 個の b があるので，vwx が a と c をともに含むことはありえない．よって，(1) 部分語 vwx が c を含まないか，(2) 部分語 vwx が a を含まないかのどちらかである．

(1) 部分語 vwx が c を含まない場合は，vx は a と b しか含まず，しかも，少なくとも一つは含む．そうすると，uwy は，n 個の c と n 個未満の a か b を含むことになって L の定義にそぐわず，L の語ではない．しかし，uwy は，ポンプの補題において $uv^i wx^i y \in L$ の $i = 0$ の場合で，この語は L に属することになっており，矛盾する．

(2) 部分語 vwx が a を含まない場合も同様に，vx は b と c しか含まず，しかも少なくとも一つは含むので，uwy は n 個の a と n 個未満の b か c を含むことになり，この場合も矛盾する．

いずれの場合も，初めに L は文脈自由言語であると仮定したことに矛盾することとなり，この仮定が誤りであるという結論に達する．

 付　記

本文中で述べた NPDA が受理する言語の三つの定義の同値性を示す定理を記す．

定理

任意の NPDA $M = \langle Q, \Sigma, \Gamma, \delta, q_0, Z_0, F \rangle$ に対し，$L_N(M) = L_A(\tilde{M}) = L(\tilde{M})$ となる NPDA $\tilde{M} = \langle \tilde{Q}, \Sigma, \tilde{\Gamma}, \tilde{\delta}, \tilde{q}_0, Y_0, \{f\} \rangle$ が存在する．さらに，ある状態 $q \in Q$ に対して，

$$(q_0, w, Z_0) \vdash^*_M (q, \varepsilon, \varepsilon)$$

となるのは，$(\tilde{q}_0, w, Y_0) \vdash^*_{\tilde{M}} (f, \varepsilon, \varepsilon)$ のとき，かつそのときのみに限る．

[証明] NPDA M から NPDA $\tilde{M}$ を以下のようにつくる．すなわち $\tilde{M}$ は，まずスタックに M のスタック開始記号である Z_0 を積むことからスタートし，それから M のスタックが空になるまで M の動作を模倣する．その後，$\tilde{M}$ の唯一の受理状態である f に移り，スタック開始記号 Y_0 を消去する．このようにつくった $\tilde{M}$ は，M と同一の言語を受理状態により受理する NPDA であり，また，受理状態かつ空スタックにより受理する NPDA でもあることは直観的には理解されよう．

以下，厳密な証明与える．$\tilde{M}$ を以下のように構成する．

$$\tilde{M} = \langle Q \cup \{\tilde{q}_0, f\}, \Sigma, \Gamma \cup \{Y_0\}, \tilde{\delta}, \tilde{q}_0, Y_0, \{f\} \rangle$$

ただし，$\tilde{q}_0, f \notin Q$ で，$Y_0 \notin \Gamma$ であり，さらに状態遷移関数 $\tilde{\delta}$ は，δ の以下のような単純な拡張である．

(1) $\tilde{\delta}(\tilde{q}_0, \varepsilon, Y_0) = \{(q_0, Z_0 Y_0)\}$
(2) すべての $(q, a, Z) \in Q \times (\Sigma \cup \{\varepsilon\}) \times \Gamma$ に対して，$\tilde{\delta}(q, a, Z) = \delta(q, a, Z)$
(3) すべての $q \in Q$ に対して，$\tilde{\delta}(q, \varepsilon, Y_0) = \{(f, \varepsilon)\}$

(1)は，$\tilde{M}$ が動作開始直後にスタックに Z_0 を積む動作であり，(2)は，M の動作を $\tilde{M}$ が模倣することを保証する．(3)は，スタック開始記号 Y_0 を消去して受理する動作である．

このように $\tilde{M}$ を構成したところで，まず M が空スタックで受理する語 $w \in L_N(M)$ を任意に一つとってきたとき，$\tilde{\delta}(\tilde{q}_0, w, Y_0) \vdash^*_{\tilde{M}} (f, \varepsilon, \varepsilon)$ となることを示す．語 w は $L_N(M)$ の要素なので，$\delta(q_0, w, Z_0) \vdash^*_M (q, \varepsilon, \varepsilon)$ となるような M の状態 $q \in Q$ が存在する．ところが，$\tilde{\delta}$ は δ を単純に拡張したものなので，$\tilde{M}$ においても，$\delta(q_0, w, Z_0) \vdash^*_{\tilde{M}} (q, \varepsilon, \varepsilon)$ となる．さらに NPDA $\tilde{M}$ は，その構成の仕方から，一番最後の動作においてのみスタックが空となるので，

$$\tilde{\delta}(\tilde{q}_0, w, Y_0) \vdash_{\tilde{M}} (q_0, w, Z_0 Y_0) \vdash^*_{\tilde{M}} (q, \varepsilon, Y_0) \vdash_{\tilde{M}} (q, \varepsilon, \varepsilon)$$

となる．すなわち，任意の $w \in L_N(M)$ に対し，

$$\tilde{\delta}(\tilde{q}_0, w, Y_0) \vdash^*_{\tilde{M}} (q, \varepsilon, \varepsilon)$$

である．これで上の主張が示された．

つぎに，この主張の逆，すなわち $\tilde{\delta}(\tilde{q}_0, w, Y_0) \vdash^*_{\tilde{M}} (f, \varepsilon, \varepsilon)$ となるとき，w は M が空スタックで受理する語である，すなわち $w \in L_N(M)$ であることを示す．$\tilde{\delta}(\tilde{q}_0, w, Y_0) \vdash^*_{\tilde{M}} (f, \varepsilon, \varepsilon)$ となるとき，$\tilde{M}$ のつくり方から

$$\tilde{\delta}(\tilde{q}_0, w, Y_0) \vdash_{\tilde{M}} (q_0, w, Z_0 Y_0) \vdash^*_{\tilde{M}} (q, \varepsilon, Y_0) \vdash_{\tilde{M}} (q, \varepsilon, \varepsilon)$$

となる状態 $q \in Q$ が存在する．NPDA $\tilde{M}$ においては，$(q_0, w, Z_0 Y_0)$ から (q, ε, Y_0) への処理過程，すなわち $(q_0, w, Z_0 Y_0) \vdash^*_{\tilde{M}} (q, \varepsilon, Y_0)$ において Y_0 は決して書き換えられることはない．それゆえ，$(q_0, w, Z_0) \vdash^*_{\tilde{M}} (q, \varepsilon, \varepsilon)$ である．この処理において $\tilde{M}$

は，もともと M の状態集合である Q の状態だけを用いているので，$(q_0, w, Z_0) \vdash_M^*$ $(q, \varepsilon, \varepsilon)$ であり，したがって，w は $L_N(M)$ の語である．これで2番目の主張も示された．

さらに，最後の結果を見ると，w は $L(\tilde{M})$ と $L_A(\tilde{M})$ の両方の語であることもわかり，$\tilde{M}$ は受理状態になったとき，かつそのときに限り，スタックが空となる．以上をまとめると，

$$L_N(M) = L_A(\tilde{M}) = L_N(\tilde{M}) = L(\tilde{B})$$

となり，$(q_0, w, Z_0) \vdash_M^* (q, \varepsilon, \varepsilon)$ となる $q \in Q$ が存在するのは，$(\tilde{q}_0, w, Y_0) \vdash_{\tilde{M}}^* (f, \varepsilon, \varepsilon)$ のとき，かつそのときのみに限ることが証明された．（証明終）

$\tilde{M}$ の構成の仕方から，この定理において，$\tilde{M}$ が決定性 PDA となるのは，M が決定性 PDA のときかつそのときに限ることがわかる．

定理

任意の NPDA $M = \langle Q, \Sigma, \Gamma, \delta, q_0, Z_0, F \rangle$ に対し，$L_A(M) = L_N(\tilde{M}) = L(\tilde{M})$ となる NPDA $\tilde{M} = \langle \tilde{Q}, \Sigma, \tilde{\Gamma}, \tilde{\delta}, \tilde{q}_0, Y_0, \{f\} \rangle$ が存在する．

[証明] NPDA M から $\tilde{M}$ を以下のように構成する．すなわち $\tilde{M}$ は，スタック開始記号として Y_0 をもち，Y_0 はある特別な状態 d においてのみ消去されるとする．与えられた語 w に対し，$\tilde{M}$ はまず初めにスタックに M のスタック開始記号である Z_0 を積み，ε 動作で $\tilde{M}$ の初期状態から M の初期状態に対応した $\tilde{M}$ の状態に移る．それから，M の動作を模倣する．模倣の途中で（あるいは最後に）受理状態となったら，$\tilde{M}$ は，(i) 特別な状態 d に行き，そこでスタックの中身をすべて消して止まるか，(ii) ほかの受理状態となるまで M を模倣し続ける，のどちらかの動作を非決定的に行う．

このようにつくった $\tilde{M}$ は，M と同一の言語を受理状態により受理する NPDA であり，また，空スタックにより受理する NPDA であり，また，受理状態かつ空スタックにより受理する NPDA でもある．

以下，厳密な証明与える．$\tilde{M}$ を以下のように構成する．

$$\tilde{M} = \langle Q \cup \{d, \tilde{q}_0\}, \Sigma, \Gamma \cup \{Y_0\}, \tilde{\delta}, \tilde{q}_0, Y_0, \{d\} \rangle$$

ただし，$d, \tilde{q}_0 \notin Q$ で，$Y_0 \notin \Gamma$ であり，さらに状態遷移関数 $\tilde{\delta}$ は，δ の以下のような単純な拡張である．

(1) $\tilde{\delta}(\tilde{q}_0, \varepsilon, Y_0) = \{(q_0, Z_0 Y_0)\}$
(2) すべての (q, a, Z)，ただし，$q \notin F$ かつ $a \neq \varepsilon$，に対して，$\tilde{\delta}(q, a, Z) = \delta(q, a, Z)$

(3) すべての $Z \in \Gamma \cup \{Y_0\}$ に対して, $q \in F$ であるなら $\tilde{\delta}(q,\varepsilon,Z) = \delta(q,\varepsilon,Z) \cup \{d,\varepsilon\}$

(4) すべての $Z \in \Gamma \cup \{Y_0\}$ に対して, $\tilde{\delta}(d,\varepsilon,Z) = \{d,\varepsilon\}$

(1)は, $\tilde{M}$ が動作開始直後にスタックに Z_0 を積む動作であり, (2)は, M の動作を $\tilde{M}$ が模倣することを意味する. 受理状態においては, つぎの状態の選択として, 終了するために特別な状態 d になるか, あるいはさらに M の状態遷移に基づいて状態を移すか, 非決定的な動作を(3)では行っている. (4)は, 特別な状態 d においてスタックを空にする動作である.

このように NPDA M をもとに構成した NPDA $\tilde{M}$ に対し, $L_N(\tilde{M}) = L(\tilde{M}) = L_A(M)$ となることを示そう.

まず, $L_A(M) \subseteq L_N(\tilde{M})$ を示す. w を $L_A(M)$ の語とする. そのとき, ある $q \in F$ と $\alpha \in \Gamma^*$ に対し, $(q_0,w,Z_0) \vdash_M^* (q,\varepsilon,\alpha)$ となる. δ は $\tilde{\delta}$ の拡張であるから, やはり, ある $q \in F$ と $\alpha \in \Gamma^*$ に対し,

$$(\tilde{q}_0,w,Z_0) \vdash_{\tilde{M}}^* (q,\varepsilon,\alpha)$$

となる. この様相の変化の過程において, $\tilde{M}$ の構成から考えて, 最後の段階以外で $\tilde{M}$ のスタックが空になることはない. それゆえ, $\tilde{M}$ の構成(1)によって,

$$(\tilde{q}_0,w,Y_0) \vdash_{\tilde{M}} (\tilde{q}_0,w,Z_0Y_0) \vdash_{\tilde{M}}^* (q,\varepsilon,\alpha Y_0)$$

となる. また,

$$(q,\varepsilon,\alpha Y_0) \vdash_{\tilde{M}}^* \begin{cases} (d,\varepsilon,\varepsilon) & \alpha = \varepsilon \text{の場合} \\ (d,\varepsilon,\alpha' Y_0) & \alpha = \alpha' Z \text{となる} Z \in \Gamma \text{がある場合} \end{cases}$$

であるから,

$$(d,\varepsilon,\alpha' Y_0) \vdash_{\tilde{M}}^* (d,\varepsilon,\varepsilon)$$

を得る. 結局,

$$(\tilde{q}_0,w,Y_0) \vdash_{\tilde{M}}^* (q,\varepsilon,\varepsilon)$$

となり, これは w が $L(\tilde{M})$ と $L_N(\tilde{M})$ の語であることを意味する.

続いて, 先の逆の包含関係にあたる $L_N(\tilde{M}) \subseteq L_A(M)$ を示そう. w を $L_N(\tilde{M})$ の語とする. そのとき, $\tilde{M}$ の構成から, Y_0 を消去できスタックを空にすることができるのは状態 d であるときだけなので,

$$(\tilde{q}_0,w,Y_0) \vdash_{\tilde{M}}^* (d,\varepsilon,\varepsilon)$$

である. NPDA $\tilde{M}$ は, 状態 $\tilde{q}_0$ からスタックに Y_0 だけが積まれた状態からスタートし, まず, 状態 q へ移ってスタックに Z_0 を積む. 状態 d とは異なる状態 q から d へ移るのは, q が受理状態のときだけである. それゆえ,

$$(\tilde{q}_0, w, Y_0) \vdash_{\tilde{M}} (q_0, w, Z_0Y_0) \vdash_{\tilde{M}}^{*} (q, \varepsilon, \alpha Y_0) \vdash_{\tilde{M}}^{*} (d, \varepsilon, \varepsilon)$$

となるような，ある受理状態 q とスタック記号列 α が存在する．上式の真ん中部分 $(q_0, w, Z_0Y_0) \vdash_{\tilde{M}}^{*} (q, \varepsilon, \alpha Y_0)$ において，スタックボトム記号 Y_0 は，$\tilde{M}$ の構成により決して書き換えられることはなく，その部分の計算は M を模倣するだけなので，

$$(q_0, w, Z_0) \vdash_M^{*} (q, \varepsilon, \alpha)$$

となる状態 $q \in F$ が存在することを意味する．したがって，$w \in L_A(M)$ となり，$L_N(\tilde{M}) \subseteq L_A(M)$ が示された．

先の結果とあわせて，これで $L_A(M) = L_N(\tilde{M})$ が証明された．また，$\tilde{M}$ の構成から，空スタックで語 w を受理するときは常に受理状態 d にいる．すなわち，w は $\tilde{M}$ により空スタックかつ受理状態でも受理される．それゆえ $L_N(\tilde{M}) = L(\tilde{M})$ も成り立つ．（証明終）

この定理においては，M が決定性 PDA であっても，$\tilde{M}$ は非決定性 PDA になりうる．

定理

任意の NPDA $M = \langle Q, \Sigma, \Gamma, \delta, q_0, Z_0, F \rangle$ に対し，$L(M) = L_A(\tilde{M}) = L_N(\tilde{M})$ となる NPDA $\tilde{M} = \langle \tilde{Q}, \Sigma, \tilde{\Gamma}, \tilde{\delta}, \tilde{q}_0, Y_0, \{f\} \rangle$ が存在する．

証明は，二つ前の定理の証明とほぼ同じであるので繰り返さない．だた，NPDA M からの NPDA $\tilde{M}$ の構成について若干述べておこう．その構成は，二つ前の定理の証明で行ったのとほぼ同じである．違いは，$\tilde{M}$ が M の模倣を終えたときに，M の受理状態にあり，かつスタックには $\tilde{M}$ の開始記号だけが積まれた状態であるとき，かつそのときにだけ $\tilde{M}$ の唯一の受理状態である f に移り，スタック開始記号 Y_0 を消去するところである．

形式的には $\tilde{M}$ を以下のように構成する．

$$\tilde{M} = \langle Q \cup \{\tilde{q}_0, f\}, \Sigma, \Gamma \cup \{Y_0\}, \tilde{\delta}, \tilde{q}_0, Y_0, \{f\} \rangle$$

ただし，$\tilde{q}_0, f \notin Q$ で，$Y_0 \notin \Gamma$ であり，さらに状態遷移関数 $\tilde{\delta}$ は，δ の以下のような単純な拡張である．

(1) $\tilde{\delta}(\tilde{q}_0, \varepsilon, Y_0) = \{(q_0, Z_0Y_0)\}$
(2) すべての $(q, a, Z) \in Q \times (\Sigma \cup \{\varepsilon\}) \times \Gamma$ に対して，$\tilde{\delta}(q, a, Z) = \delta(q, a, Z)$
(3) すべての $q \in F$ に対して，$\tilde{\delta}(q, \varepsilon, Y_0) = \{(f, \varepsilon)\}$

(1)は，$\tilde{M}$ が動作開始直後にスタックに Z_0 を積む動作であり，(2)は，M の動作を $\tilde{M}$ が模倣することを保証する．(3)は，語 w の M の模倣結果が「受理」とでたら，唯一の受理状態 f に入り，スタック開始記号 Y_0 を消去してスタックを空にして w を受理する動作である．

● マークアップ言語

文脈自由言語が実用されている一つの例として，マークアップ言語を簡単に紹介しよう．マークアップ言語とは，タグとよばれるマークを文書に埋め込み，文書内の文字列の意味を記述するための言語である．

マークアップ言語でもっともよく知られているのは HTML (hyper text markup language) で，Web ページの記述のための言語である．それは文書の間のリンクを張ったり，文書の体裁を記述するために用いられる．

● HTML による記述例（図 4.16）

組をつくるタグは，ある記号列 x について<x>と</x>という形をしている．

<EM>と</EM>

その間のテキストを強調することを指示．

<OL>と</OL>

順序付きのリスト，すなわちリストの項目を列挙する．

<P>はパラグラフの先頭に置く．

<LI>はリストの先頭に置く．</P>，</LI>を置くことも可能．

<P>と<LI>は組をつくらなくてもよい．

```
The things I like :
    1. Black coffee.
    2. People who drive too slow.
```

（a）Web ブラウザ上に表示される形

```
<P>The things I <EM> like </EM>:
<OL>
<LI>Black coffee.
<LI>People who drive too slow.
</OL>
```

（b）HTML ソース

図 4.16　HTML による記述の例

● **HTML の「定義」**（図 4.17）

 $Text$（テキスト）とは，文字どおりに解釈されるタグを含まない任意の記号列のことである．"Good morning" が $Text$ の一例である．

 $Char$（記号）とは，HTML テキストで使える 1 記号だけからなる列のことである．空白も記号に含まれる．

 Doc（文書）は，文書すなわち "$Element$"（要素）を表す．要素はこの後で，Doc とあわせて相互再帰的に定義される．

 $Element$（要素）とは，$Text$ 列であるか，文書を間に挟むタグの組，あるいは単独のタグのあとに文書をつけたものをいう．

 $ListItem$（リスト項目）とは，タグ<LI>の後に，リストの一つの項目を表す文書をつけたものである．

 $List$（リスト）とは，0 個以上のリスト項目の列のことである．

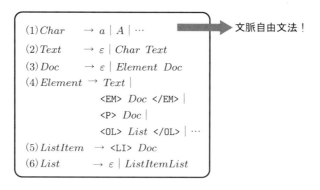

図 4.17 HTML の文法（の一部）．$N \to \alpha|\beta$ における縦棒は，$N \to \alpha$，$N \to \beta$ の省略を表す

注意
(1) 記号<と>はテキストの中では許されない．それぞれ &lt と &gt で表す．したがって，「テキストの中に，タグが偶然に紛れ込む」ことはない．正規表現で十分である要素もある．
(2) $Text$ は，正規表現 $(a + A + \cdots)^*$ で表される．
(3) <EM>と</EM>のような，開始記号と終了記号の対がバランスのよい括弧構造をなすことは，正規表現では表せない．

第5章 チューリングマシン

どんな有限状態オートマトンでも受理できない言語があったように，どんな PDA でも受理できない言語がある．その例は，第4章で見たように $\{a^i b^i c^i \mid i = 1, 2, 3, \ldots\}$ である．直感的にいえば，a と b の数合わせを行うためにスタックを用いてしまい，c の個数を a と b の個数に合わせる手段がないため，どんな PDA でも $\{a^i b^i c^i \mid i = 1, \ldots\}$ を受理することができない，ということである．そこで，オートマトンのさらなる拡張を行おう．ここで導入するチューリングマシンは，補助記憶として無限長のテープをもち，左右のどちらにもテープを読んでいくことができる．

5.1 チューリングマシン

チューリングマシンは，イギリス人のアラン・チューリングが提案した計算機発明以前の計算機のモデルであり，現在の計算機の基礎として必要不可欠なものとなっている．チューリングマシン以外の計算機モデルが多数研究されたが，それらの計算能力（受理言語のクラス）はすべて同じであることが証明された．この事実に基づき，チャーチは**チャーチの提唱**とよばれる有名な提唱を行った．すなわち，

> **チャーチの提唱**（Charch's thesis）
> 「計算できる関数とは，その関数を計算するチューリングマシンが存在する関数のことである」と考えよう．

このチャーチの提唱から，チューリングマシンが計算の定義づけにおける基本的な役割をもっていることがわかる．

チューリングマシンは，図 5.1 (a) のように，入力テープのほかに無限の記憶領域をもつテープをもち，入力テープ上と無限記録用テープ上とを左右に動くヘッドをもつ．チューリングマシンは，現在の状態と入力記号に応じてつぎの状態を決め，テープ上の記号を一マス分書き換え，ヘッドを左右のどちらかに一つだけ動かす．入力用テープと記録用テープを合体させて 1 本のテープとし，入力記号列を $ マークと ¢ マークとで挟んだものを考えても同じである（図 (b)）．本書では，このテープ 1 本

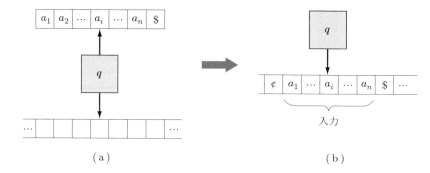

図 5.1 チューリングマシン．(a) は入力テープのほかに補助テープをもつもの．(b) は，入力記号列を¢と$記号で挟んで 1 本のテープ上に置き，その外側を補助記憶として利用するもの

のチューリングマシンを仮定する．

では，その**チューリングマシン**（Turing machine：TM）の定義を与えよう．TM はつぎの 7 つ組である．

$$M = \langle Q, \Gamma, \Sigma, \delta, q_0, B, F \rangle$$

Q は有限な状態集合

Γ はテープアルファベット（テープに読み書きする記号集合）

　Γ の各記号をテープ記号という．

Σ は入力アルファベット（入力記号）

　$\Sigma \subseteq \Gamma$．テープ記号の一部で，最初に入力される記号．

δ は状態遷移関数で，つぎの形式の部分関数（未定義の箇所を許す）

　$\delta : Q \times \Gamma \to Q \times \Gamma \times \{L, R\}$

　L, R はヘッドのそれぞれ左右動作を意味する．

q_0 は初期状態．$q_0 \in Q$

B は空白記号．$B \in \Gamma - \Sigma$

F は受理状態の集合．$F \subseteq Q$

有限状態オートマトンやプッシュダウンオートマトンは，入力を 1 方向に読むだけであり，また，入力テープに書かれた記号を書き換えることもなかった．それに比べて，チューリングマシンのヘッドはテープ上を両方向に動き，また，テープに書かれた記号を書き換える．その差はたいしたことがないと思われるかもしれないが，この違いのために，言語の受理能力や計算能力に大きな差が出てくるのである．本章では，主に言語を受理する状態機械としてのチューリングマシンを見ていく．一般的な計算を行う機械としても簡単に述べる．

例 5.1　TM1

$\Gamma = \{a, b, a', b', B, \$, \rlap{/}{c}\}$, $\Sigma = \{a, b\}$. \$ と $\rlap{/}{c}$ は入力記号ではないとする. 状態は $Q = \{q_0, q_1, q_2, q_3, q_f\}$ で, 状態遷移とヘッドの動きは図 5.2 で与えられる. このチューリングマシンの動作をフローチャートで書くと, 図 5.3 のようになる. また, 動作を 1 ステップずつ表すと, 図 5.4 のようになる.

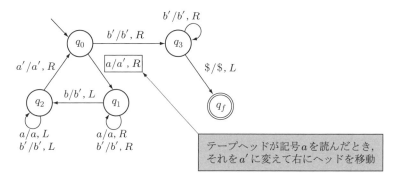

図 5.2　チューリングマシンの状態遷移図

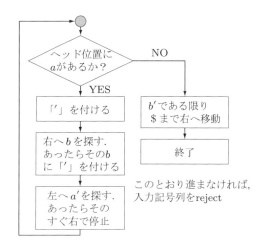

図 5.3　チューリングマシンの動作のフローチャート

図 5.4　チューリングマシンの動作（続く）

122　第 5 章　チューリングマシン

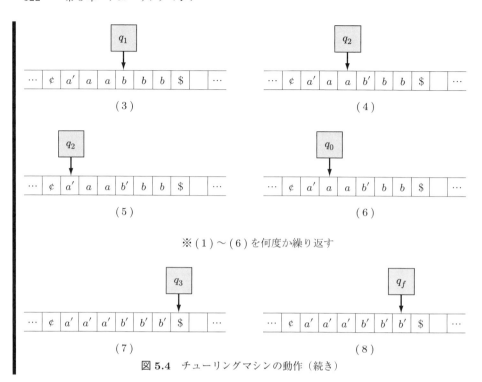

図 **5.4**　チューリングマシンの動作（続き）

例 5.2　TM2

$\Gamma = \{a, b, c, a', b', c', B, \$, ¢\}$，$\Sigma = \{a, b, c\}$ で，状態遷移とヘッドの動きは図 5.5 で与えられる．このチューリングマシンの動作フローチャートは図 5.6 のとおりである．

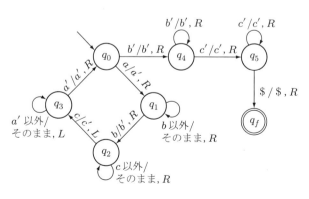

図 **5.5**　チューリングマシンの状態遷移図

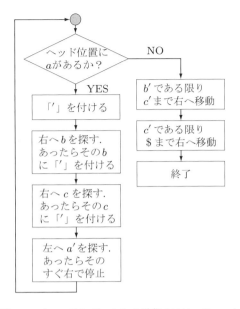

図 5.6　チューリングマシンの動作のフローチャート

例 5.1 のチューリングマシンは，言語 $\{a^i b^i \mid i = 1, 2, \ldots\}$ を受理する．状態 q_0, q_1, q_2 のループのところで a と b の数合わせを行っている．左から見ていき，対応する a と b とを一つずつそれぞれ a', b' に書き換えて，数が合えばループから抜ける．また，例 5.2 のチューリングマシンは，$\{a^i b^i c^i \mid i = 1, 2 \ldots\}$ を受理する．やはり状態 q_0, q_1, q_2, q_3 のループで a と b と c の数合わせを行っている．

ではここで，チューリングマシンの受理言語を定義しよう．まず，時点表示を定義する．図 5.7 の状態，すなわちテープヘッドがテープ上の記号列の a_i を指し，状態が q のとき，これを $(q, a_1 \cdots \overset{\downarrow}{a_i} \cdots a_n)$ と表し，**時点表示**（**様相**）という．ただし，a_1 の左と a_n の右のすべてのマス目には空白記号 B が入っている．様相 $(q, s_1 \overset{\downarrow}{a} s_2), s_1, s_2 \in \Sigma^*, a \in \Gamma$ から δ で遷移すると $(q', s_1' \overset{\downarrow}{a'} s_2'), s_1', s_2' \in \Sigma^*, a' \in \Gamma$ となるとき，$(q, s_1 \overset{\downarrow}{a} s_2) \vdash_M (q', s_1' \overset{\downarrow}{a'} s_2')$

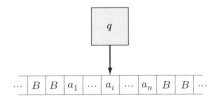

図 5.7　動作途中の TM

と書く．また，$\vdash_M$ の推移的閉包を $\vdash_M^*$ とする．δ による遷移先が未定義の様相を**終端様相**という．

TM M の**受理言語** $L(M)$ は以下のように定義される．

$$L(M) = \{aw \in \Sigma^* \mid (q_0, \overset{\downarrow}{\mathord{\text{¢}}}aw\$) \vdash_M^* (q, s_1\overset{\downarrow}{a'}s_2)\}$$

ただし，$(q, s_1\overset{\downarrow}{a'}s_2)$ は終端様相で，$q \in F$ である．TM M の受理する語 w は，w をテープに書いて w の左端から動作をスタートさせ，M が動けなくなった状態が受理状態であるような語である．チューリングマシンは，記号を読むために右にヘッドを動かすだけでなく，左へも動かす．このため，与えられた語によっては，無限ループとなって実行が終わらないことがある．そこで，語の受理判断において「動けなくなったとき」ということが重要となる．図 5.8 は，入力によっては止まらないチューリングマシンの例である．このチューリングマシンは，入力 a については止まって受理する．しかし，2 個以上の a からなる語に対しては，無限ループとなり止まらない．

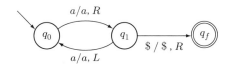

図 5.8 入力によっては永遠に止まらないことがあるチューリングマシン．入力 a に対しては受理して止まるが，2 個以上の a からなる語では無限ループとなる

● 例題 5.1　TM

$\Gamma = \{a, b, a', b', a'', B, \$, \text{¢}\}$，$\Sigma = \{a, b\}$ とする．図 5.9 のチューリングマシンは，(1) 語 aa，(2) 語 $aabba$，(3) 語 $aabbaa$ を受理するか．

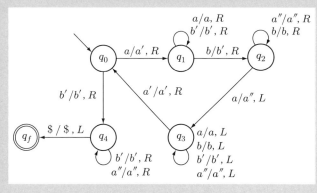

図 5.9　状態遷移図

○ 解答例

(1) q_0 から出発して a で q_1 に行き，つぎの a でやはり q_1 に行く．それ以上進めないので受理しない．

(2) $aabba$ も同様．

(3) 受理する．図 5.10 を参照のこと．ただし，$(q)x\!\!\downarrow\!\!xxxxx$ は，状態 q で下向き矢印で示されるヘッドの文字を読むことを意味する．

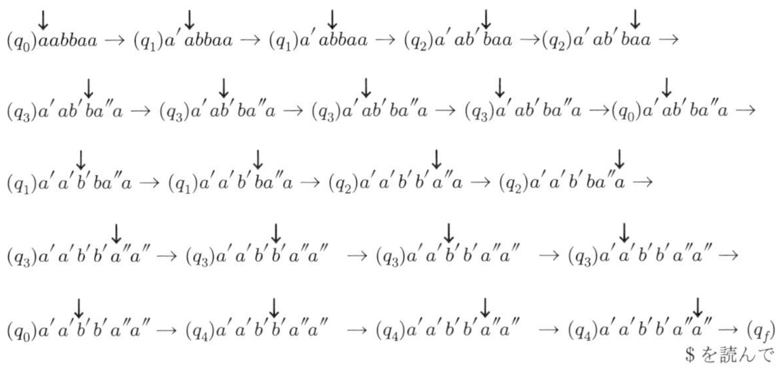

$(q_0)\!\!\downarrow\!\!aabbaa \to (q_1)a'\!\!\downarrow\!\!abbaa \to (q_1)a'a\!\!\downarrow\!\!bbaa \to (q_2)a'ab'\!\!\downarrow\!\!baa \to (q_2)a'ab'b\!\!\downarrow\!\!aa \to$

$(q_3)a'ab'ba''\!\!\downarrow\!\!a \to (q_3)a'ab'b\!\!\downarrow\!\!a''a \to (q_3)a'ab'\!\!\downarrow\!\!ba''a \to (q_3)a'a\!\!\downarrow\!\!b'ba''a \to (q_0)a'\!\!\downarrow\!\!ab'ba''a \to$

$(q_1)a'a'\!\!\downarrow\!\!b'ba''a \to (q_1)a'a'b'\!\!\downarrow\!\!ba''a \to (q_2)a'a'b'b'\!\!\downarrow\!\!a''a \to (q_2)a'a'b'b'a''\!\!\downarrow\!\!a \to$

$(q_3)a'a'b'b'\!\!\downarrow\!\!a''a'' \to (q_3)a'a'b'\!\!\downarrow\!\!b'a''a'' \to (q_3)a'a'\!\!\downarrow\!\!b'b'a''a'' \to (q_3)a'\!\!\downarrow\!\!a'b'b'a''a'' \to$

$(q_0)a'a'\!\!\downarrow\!\!b'b'a''a'' \to (q_4)a'a'b'\!\!\downarrow\!\!b'a''a'' \to (q_4)a'a'b'b'\!\!\downarrow\!\!a''a'' \to (q_4)a'a'b'b'a''a''\!\!\downarrow\!\! \to (q_f)$
$\$ を読んで$

図 5.10 語 $aabbaa$ を受理するときのテープの状態遷移を表した図

Exercise 5.1 TM

$\Gamma = \{a, b, a', b', a'', B, \$, ¢\}$，$\Sigma = \{a, b\}$ とする．例題 5.1 の図 5.9 のチューリングマシンが受理する言語は何か．

チューリングマシンについて，以下では補足的な事柄をいくつか述べよう．まず，チューリングマシンは言語を決めるだけでなく，関数を計算するマシンともみなせる．すなわち，$a_1 \cdots a_l$ と $b_1 \cdots b_m$ で符号化された二つの入力 x と y を与えられたとき（図 5.11），答え z を $c_1 \cdots c_n$ で符号化して出力する機械（図 5.12）を設計できる．このチューリングマシンは，x と y を入力とし，z を出力する関数を計算するものとみなせる．

| ⋯ | # | a_1 | ⋯ | a_l | # | b_1 | ⋯ | b_m | # | ⋯ |

$\underbrace{\qquad\qquad}_{x} \qquad \underbrace{\qquad\qquad}_{y}$

図 5.11 入力が二つある場合のテープ上の初期配置

| ··· | # | a_1 | ··· | a_l | # | b_1 | ··· | b_m | # | c_1 | ··· | c_n | # | ··· |

z

図 5.12　二つの入力から z を出力した場合のテープ上の記号列の配置

以上のチューリングマシンは 1 本のテープをもつだけであった．これの多数のテープへの拡張は容易に想像できる（図 5.13）．すなわち，k 本のテープをもつ多テープチューリングマシンの状態遷移関数は

$$\delta : Q \times \Gamma^k \to Q \times \Gamma^k \times \{L, R\}^k$$

で定義される．つまり，現状態と 1 番目から k 番目のテープから読んだ記号とから，次状態と，1 番目から k 番目のテープに書く記号と 1 番目から k 番目のヘッドの動作の組への写像である．

計算能力は 1 テープマシンと同じである．これは，多テープを「縦に見て」一つの記号とみなし，さらに k 本のテープを「縦に束ねた」 1 本のテープとみなすことにより，1 テープの TM で多テープ TM を模倣することができることによる．この模倣の概要を，章末に付記として挙げる．

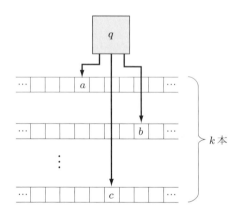

図 5.13　多数のテープをもつチューリングマシン

また，ここまでに述べてきたチューリングマシンは**決定性チューリングマシン**（deterministic TM：DTM）である．**非決定性チューリングマシン**（non-deterministic TM：NTM）も当然定義できる．その状態遷移関数は

$$\delta : Q \times \Gamma \to 2^{(Q \times \Gamma \times \{L, R\})}$$

である．NTM では，毎回の遷移において非決定的な選択肢がある．どれかの選択肢

でうまく受理状態に行って止まれば受理する．

NTM も DTM でシミュレートできる．NTM では非決定的な選択肢がありえるが，選択肢の個数は有限個である．そこで，この選択肢の何番目をやっているのかをテープに記憶しつつ，一つひとつの枝をシミュレートする DTM を構築することができる．それゆえ，DTM と NTM は受理する言語のクラスは同一となる．

● **例題 5.2　NTM**

図 5.14 の TM は非決定性である．なぜか．

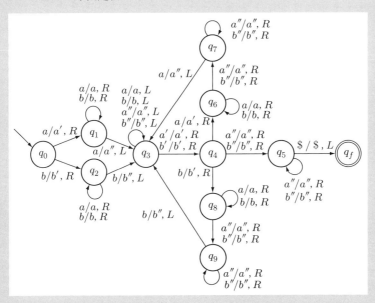

図 5.14　チューリングマシンの状態遷移図

○ 解答例

たとえば，q_1 において，入力 a を読んだときの取りうる状態遷移が q_1, q_3 の 2 通りあるため．

Exercise 5.2　NTM

$\Gamma = \{a, b, a', b', a'', b'', B, \$, ¢\}$, $\Sigma = \{a, b\}$ とする．例題 5.2 の図 5.14 の TM が受理する言語は何か．

5.2 線形拘束オートマトン

チューリングマシンにおいて，テープに読み書きできる場所が先頭記号と最後尾記号の間だけと定まったものを，**線形拘束オートマトン** (linear bounded automata：LBA) という（図 5.15）．有限状態オートマトンやプッシュダウンオートマトンと同じように，制約されたチューリングマシンの一つである．また，線形拘束オートマトンにも決定性と非決定性の2種類が存在する．その定義はチューリングマシンのそれに準じる．

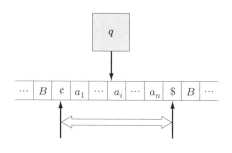

図 5.15　線形拘束オートマトン

実は，これまでに挙げた TM が受理する言語の例は，すべて LBA が受理する（どの例も，入力記号をはさむ ¢ と $ の外側のテープを使わない）．とくに，$L = \{a^i b^i c^i \mid i = 1, 2, \ldots\}$ を受理する LBA が存在する．さらに，われわれが「通常」扱う言語はすべて LBA で受理できる．そのため，$ と ¢ の外側を使わなければ受理できない言語はかなり「異常」なものである．

Exercise 5.3　LBA
言語 $\{a^i b^i c^i \mid i = 1, 2, \ldots\}$ を受理する線形拘束オートマトンを構成せよ．

 ## 付　記

通常の TM による多テープ TM のシミュレートは以下のように行える．まず，テープは1本で表現可能である．すなわち，テープは複数のトラックがある1本のテープとみる．また，テープ k 本分に加え，ヘッド位置をマークする k 本のトラックも追加

する．さらに，縦の $2k$ トラックにまたがる 1 列のマスは，全体で一つの記号とみなす（図 5.16）．たとえば，図中で太く囲んだ部分は $[\times, a_2, \sqcup, b_2, \ldots, \sqcup, c_2]$ であり，これを一つの記号とみなす．ここで $\sqcup$ はブランク記号である．

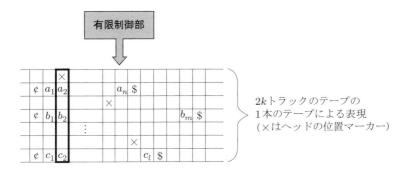

図 **5.16** 通常の TM による多テープの TM のシミュレート

これらのテープを参照して，多テープ TM を 1 テープ TM で以下のようにシミュレートできる．

1. 第 1 テープのヘッド位置をこのマシンのヘッド位置とする．
2. 各状態では，$k-1$ 本のヘッドが，右にあるか左にあるかだけ記憶する（状態は増えるが有限倍で収まる）．
3. 二つのフェーズで動作する．
   (a) 各ヘッドの位置を読むため，左右にスキャンする（ヘッド記号が見つかるまで進み，そこにあった記号の状態により記憶する）．
   (b) そこで，元の遷移関数 δ に従って，それぞれのヘッド位置へ記号を書き込み，ヘッド記号の変更を行う．

ヘッド記号の組合せの分だけ状態が増えるが，通常のチューリングマシンで多テープのチューリングマシンをシミュレートできるので，結局多テープのチューリングマシンの計算能力は通常のそれと同じということになる．

第6章 チョムスキーの階層

第3章で見たように,有限状態オートマトンが受理する言語のクラスと,正規文法が生成する言語のクラスは等しい.また第4章で,非決定性プッシュダウンオートマトンが受理する言語のクラスと,文脈自由文法が生成する言語のクラスが等しいことを見た.さらに第5章では,線形拘束オートマトンとチューリングマシンを導入した.本章では,それらの状態機械が受理する言語を生成する文脈依存文法と句構造文法を簡単に紹介し,状態機械と文法の言語の生成・受理という観点からの対応関係を与えるチョムスキーの階層について述べる.

6.1 文脈依存文法と文脈依存言語

すべての規則が,$\alpha \to \beta$, $|\alpha| \leq |\beta|$, または $S \to \varepsilon$, $\alpha, \beta \in (\Sigma \cup N)^*$ の形である文法を**文脈依存文法**(context-sensitive grammer:CSG),あるいは **1型文法**という.文脈自由文法の規則,すなわち2型文法の規則は,文脈依存文法が満たすべき規則を満たす.すなわち,$\alpha \to \beta$ において,$\alpha = A$, $A \in N$ なるものが文脈自由文法の規則であった.それゆえ,文脈自由文法は文脈依存文法のうちの特別な形をしたものといえる.

> [注意] 上の形は,$\alpha A \beta \to \alpha \gamma \beta$, $\alpha, \beta \in (\Sigma \cup N)^*$, $A \in N$, $\gamma \in (\Sigma \cup N)^+$ と等価である.また,$\alpha = \beta = \varepsilon$ ならば文脈自由文法の規則の形となる.

文脈依存文法が生成する言語を,**文脈依存言語**(context-sensitive language:CSL)または **1型言語**という.

例 6.1 CSG
$$G1 = \langle N, \Sigma, P, S \rangle$$
$$N = \{S, A, B\}$$
$$\Sigma = \{a, b, c\}$$
$$P = \{S \to aSA,\ S \to aB,\ BA \to bBc,\ cA \to Ac,\ B \to bc\}$$

この文法 $G1$ が生成する言語は $\{a^i b^i c^i \mid i = 1, 2, \ldots\}$ である．この言語は，第5章の冒頭で述べたように，いかなるプッシュダウンオートマトンでも受理できず，したがって，この言語を生成する文脈自由文法も存在しない．

6.2 句構造文法と句構造言語

文法規則に制限をおかない文法を**句構造文法**（phrase structure grammar：PSG）または **0 型文法**という．句構造文法が生成する言語を**句構造言語**（phrase structure language：PSL）または **0 型言語**という．0 型文法の規則には特別な制限がないので，これまで出てきた 1 型，2 型，3 型すべては 0 型文法の特別なものである．

例 6.2 PSG

$G0 = \langle N, \Sigma, P, S \rangle$
$N = \{S\}$
$\Sigma = \{a, b, c\}$
$P = \{S \to abSa,\ bSa \to bSS,\ SS \to c\}$

6.3 チョムスキーの階層

言語とは Σ^* の部分集合であり，言語の要素は語である．その言語について，たとえば正規文法で生成される言語の全体や，DFA の受理言語となる言語の全体など特定のタイプの言語の集合を考えたいときがある．こうしたとき，特定のタイプの言語の集合に対して**言語のクラス**という表現を用いる．この表現は，これまでもたびたび出てきた．

「クラス」という用語は，集合とおおよそ同じ意味であるが，集合よりも広い範囲を考えている場合によく使うようである．たとえば，「$\Sigma = \{0, 1\}$ 上の言語で正規文法で生成される言語全体」であれば，それははっきりしているので集合となる．しかし，Σ を定めずに，「正規文法で生成される言語の全体」といったとき，範囲が集合ほど明確にならないのでクラスといったりする．

さて，一つの文法 G の生成言語は $L(G)$ と書いた．こうした生成言語の集まりである言語のクラスを考えよう．とくに，これまでに出てきた四つの言語のクラスを考える．それぞれのクラスについて，以下の省略記号を割り当てる（図 6.1）．

正規文法の生成言語のクラス $\mathcal{L}(\text{RG}) = \mathcal{RL}$

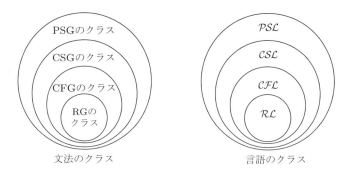

図 6.1　文法と生成言語それぞれのクラスの包含関係

文脈自由文法の生成言語のクラス $\mathcal{L}(\mathrm{CFG}) = \mathcal{CFL}$
文脈依存文法の生成言語のクラス $\mathcal{L}(\mathrm{CSL}) = \mathcal{CSL}$
句構造文法の生成言語のクラス $\mathcal{L}(\mathrm{PSG}) = \mathcal{PSL}$

このとき，文法のクラスと言語のクラスには図 6.2 のような対応がある．正規文法と文脈自由文法，文脈依存文法，句構造文法の四つのクラスと，正規言語と文脈自由言語，文脈依存言語，句構造言語の四つのクラスは，文法が生成する言語という観点から，それぞれ「対応」している．

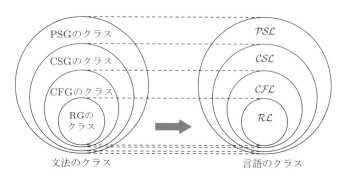

図 6.2　文法と生成言語それぞれのクラスの対応関係

集合 A と B の間に $A \subseteq B$ かつ $A \neq B$ が成り立つとき，A と B とは真の包含関係にあるという．すなわち，A の要素は必ず B の要素であるが，B の要素で A の要素でないものがあることを意味する．

一つの「文法」を一つの要素とみなす集合を考えれば，確かにそれは真の包含関係になっている．たとえば，RG の文法規則の形は $A \to aB$ あるいは $A \to a$, $B \in N$, $a \in \Sigma$ であり，CFG の規則の形 $A \to Y$, $Y \in (\Sigma \cup N)^+$, $A \in N$ の特殊なものと

なっているので，RG のクラスは CFG のクラスに真に包含される（図 6.3）．

 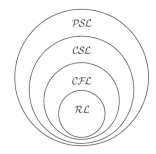

図 **6.3** 文法のクラスの真の包含関係　　図 **6.4** 言語のクラスの包含関係

　一方，文法が生成する「言語」の集合としてみた言語のクラスは，図 6.4 に示されるような真の包含関係か否かは自明ではない．図 6.5 のように，CFG であるが RG でない文法が生成する言語と，RG のある文法が生成する言語が同じことがあるかもしれないからである．言語のクラスが真の包含関係でない可能性があり得ることは，たとえば以下の例を見ると納得されよう．

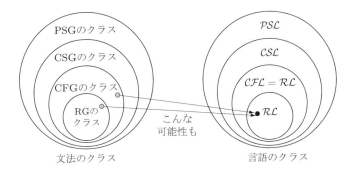

図 **6.5** CFG と RG が生成する言語が等しい可能性もありうることを示唆

$$G_1 = \langle N, \Sigma, P, S_0 \rangle$$
$$\quad N = \{S_0, S_1, S_2\}$$
$$\quad \Sigma = \{a\}$$
$$\quad P = \{S_0 \to aS_1,\ S_1 \to aS_2,\ S_2 \to aS_0,\ S_2 \to a\}$$
$$G_2 = \langle N, \Sigma, P, S_0 \rangle$$
$$\quad N = \{S_0, S_1\}$$
$$\quad \Sigma = \{a\}$$

$$P = \{S_0 \to aaaS_1,\ S_1 \to aaaS_1,\ S_1 \to \varepsilon\}$$

G_1 は正規文法であるのに対し，G_2 は文脈自由文法だが正規文法ではない．ところが，これらはどちらも言語 $L = \{a^{3i} \mid i = 1, 2, 3, \ldots\}$ を生成する．

しかし，実は言語のクラスも真の包含関係である．なぜなら，$\mathcal{PSL}$ 以外の各クラスには属さず，一つ「上の」クラスに属する言語が確かにあるからである．図 6.6 に示した各語がそれに当たる．

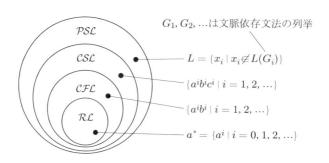

図 6.6　各言語のクラスは真の包含関係

つぎに，状態機械が受理する言語について考える．一つの状態機械 M の受理言語は $L(M)$ と書いた．状態機械が受理する言語のクラスについても，以下の記号で表現する．

　　有限状態オートマトン（FA）の受理言語のクラス $= \mathcal{L}(fa)$
　　非決定性プッシュダウンオートマトン（NPDA）の受理言語のクラス $= \mathcal{L}(npda)$
　　非決定性線形拘束オートマトン（NLBA）の受理言語のクラス $= \mathcal{L}(nlba)$
　　チューリングマシン（TM）の受理言語のクラス $= \mathcal{L}(tm)$

文法が生成する言語と状態機械との間には，以下が成り立つ．

1. 句構造文法の生成言語，すなわち句構造言語（PSL）に対して，それを受理するチューリングマシンがある．逆も真．
2. 文脈依存文法の生成言語，すなわち文脈依存言語（CSL）に対して，それを受理する非決定性線形拘束オートマトンがある．逆も真．
3. 文脈自由文法の生成言語，すなわち文脈自由言語（CFL）に対して，それを受理する非決定性プッシュダウンオートマトンがある．逆も真．
4. 正規文法の生成言語，すなわち正規言語（RL）に対して，それを受理する有限状態オートマトンがある．逆も真．

よって，状態機械の受理言語のクラスと文法の生成言語のクラスとには，一致するという意味で以下の対応がある（図 6.7 の右図）．

1. チューリングマシンの受理言語のクラス = PSL のクラス：$\mathcal{L}(tm) = \mathcal{PSL}$
2. 非決定性線形拘束オートマトンの受理言語のクラス = CSL のクラス：$\mathcal{L}(nlba) = \mathcal{CSL}$
3. 非決定性プッシュダウンオートマトンの受理言語のクラス = CFL のクラス：$\mathcal{L}(npda) = \mathcal{CFL}$
4. 有限状態オートマトンの受理言語のクラス = RL のクラス：$\mathcal{L}(fa) = \mathcal{RL}$

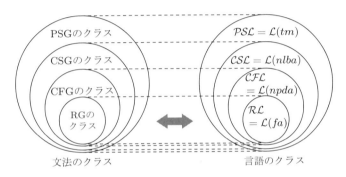

図 **6.7** チョムスキーの階層．文法のクラスと言語のクラスの対応関係

これらクラス間の四つの一致関係のうち，3 と 4 についてはそれぞれ第 4 章と第 2 章で述べた．1 と 2 について，ここで定理としてまとめておこう．証明は，巻末の文献を参照されたい．

> **定理**
> 任意の文脈依存文法に対し，それが生成する言語を受理する非決定性線形拘束オートマトンが存在する．また逆に，任意の非決定性線形拘束オートマトンに対し，それが受理する言語を生成する文脈依存文法が存在する．

> **定理**
> 任意の句構造文法に対し，それが生成する言語を受理するチューリングマシンが存在する．また逆に，任意のチューリングマシンに対し，それが受理する言語を生成する句構造文法が存在する．

正規文法と文脈自由文法，文脈依存文法，句構造文法の四つのクラス，あるいは，正規言語と文脈自由言語，文脈依存言語，句構造言語の四つのクラスが，この順に後者が前者を包含するという包含関係の階層のことを**チョムスキー（Chomsky）の階層**という．

6.4　言語クラスの閉包性

この章の最後に，各言語に関する閉包性について簡単にまとめておこう．まず，言語の連接とクリーネ閉包を復習しておこう．L_1 と L_2 が言語であるとき，以下を L_1 と L_2 の連接といった．

$$L_1 \cdot L_2 = \{w_1 w_2 \in \Sigma^* \mid w_1 \in L_1,\ w_2 \in L_2\}$$

L の i 個の連接は以下で表される．

$$L^i = \{w_1 w_2 \cdots w_i \in \Sigma^* \mid w_1, w_2, \ldots, w_i \in L\}$$

L が言語であるとき，以下を L の**クリーネ閉包**という．

$$L^* = \bigcup_{i \geqq 0} L^i$$

すなわち，L のクリーネ閉包は，L の中から重複を許して有限個とってきて連接した列全体からなる集合である．ただし $L^0 = \{\varepsilon\}$ である．

●正規言語クラスの閉包性

L_1 と L_2 が正規言語であるとき，$L_1 \cdot L_2$，$L_1 \cap L_2$，$L_1 \cup L_2$，$\Sigma^* - L_1$，L_1^* も正規言語である．

このことを，正規言語のクラスは連接，積演算，和演算，補集合演算，クリーネ閉包に関して**閉じている**，あるいは**閉包性をもつ**という．

たとえば，$L_1 = \{a^{2i} \mid i = 1, 2, \ldots\}$，$L_2 = \{a^{3i} \mid i = 1, 2, \ldots\}$ としたとき，L_1 と L_2 は正規言語である．このとき，$L_1 \cdot L_2 = \{a^{2i} a^{3j} \mid i, j = 1, 2, \ldots\}$，$L_1 \cap L_2 = \{a^{6i} \mid i = 1, 2, \ldots\}$，$L_1 \cup L_2 = \{a^k \mid k = 2i \text{ or } k = 3i,\ i = 1, 2 \ldots\}$，$\Sigma^* - L_1 = \{a^{2i-1} \mid i = 1, 2, \ldots\}$，$L_1^* = \{\varepsilon\} \cup L_1 \cup L_2 \cup \cdots = \{a^{2i} \mid i = 0, 1, \ldots\}$ となり，これらはやはり正規言語である．

●文脈自由言語クラスの閉包性

L_1 と L_2 が文脈自由言語であるとき，$L_1 \cdot L_2$，$L_1 \cup L_2$，L_1^* も文脈自由言語である．一般には，$L_1 \cap L_2$，$\Sigma^* - L_1$ は文脈自由言語ではない．

たとえば，$L_1 = \{a^i b^i c^j \mid i, j = 1, 2, \ldots\}$，$L_2 = \{a^j b^i c^i \mid i, j = 1, 2, \ldots\}$ とすると，L_1 と L_2 は文脈自由言語である．しかし，$L_1 \cap L_2 = \{a^i b^i c^i \mid i = 1, 2, \ldots\}$ となりこれは文脈自由言語でない（第 5 章の Exercise 5.3 を参照）．

●文脈依存言語クラスの閉包性

L_1 と L_2 が文脈依存言語であるとき，$L_1 \cdot L_2$，$L_1 \cap L_2$，$L_1 \cup L_2$，$\Sigma^* - L_1$，L_1^+ も文脈依存言語である．

Exercise 6.1 言語クラスの閉包性

以下の主張は正しいか．

(1) L_1 と L_2 が正規言語であるとき，$L_1 \cdot L_2$，$L_1 \cap L_2$，$L_1 \cup L_2$，$\Sigma^* - L_1$，L_1^* は正規言語である．

(2) L_1 と L_2 が文脈自由言語であるとき，$L_1 \cdot L_2$，$L_1 \cup L_2$，L_1^*，$L_1 \cap L_2$，$\Sigma^* - L_1$ は文脈自由言語である．

(3) L_1 と L_2 が文脈依存言語であるとき，$L_1 \cdot L_2$，$L_1 \cap L_2$，$L_1 \cup L_2$，L_1^+ も文脈依存言語である．

第7章 チューリングマシンの停止問題

本書の締めくくりとして,有名な「チューリングマシンの停止問題」を述べよう.第5章で述べたように,「計算」とはすなわちチューリングマシンの実行である.このチャーチの提唱に従うと,答えはあるのにもかかわらず,その答えを計算で求めることができない問題が存在する.チューリングマシンの停止問題はその代表例である.この問題やそれと同等な問題を通して,計算の性質のある側面や,計算の限界といったものをわれわれは理解するのである.まず,チューリングマシンの停止問題を扱うときに本質的な役割を演じる1対1対応とカントールの対角線論法を述べる.

 ## 7.1 無限を数える

有理数と無理数はどちらが「多い」かを問題としよう.両者とも無限にあることは明らかであるので,これは言ってみれば,無限としてどちらが「大きい」かを問うている.

ここでは,0と1との間の実数を考える(図7.1).分数で表現される数(有理数)と,分数で表現できない数(無理数)はどちらが「多い」のかを問う.0と1の間の有理数は,$1/3, 1/2, 153539/12839300, \ldots$ であり,一方,無理数としては,$\sqrt{0.5}$, $\pi/4$, $e/5$, $\ldots$ である.どちらも無限個ある.

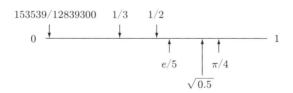

図 **7.1** 0から1までの数直線

7.1.1 ◯ 無限の「数え方」:1対1対応

「集合 A と集合 B の要素はどちらが多いか」をまず問うてみよう.数学では,集合 A の要素と集合 B の要素に1対1対応がつけられれば要素の「数」は同じ,と定

義する（図 7.2）．

とにかく，1 対 1 対応がつけられれば，どんな 1 対 1 対応であってもよい．たとえば，$n = 0, 1, 2, \ldots$ として，偶数と奇数は $2n$ と $2n+1$ と対応させればよい．$2n+2 \leftrightarrow 2n-1$ という対応は 0 が余るので 1 対 1 対応ではないが，先のような 1 対 1 対応があるので，偶数と奇数は「同数」である．本章では $A \leftrightarrow B$ を「A と B の対応」，あるいは，図の A, B が集合なら，「A の要素と B の要素が（表示の）順に対応する」という意味で用いる．

図 **7.2** 1 対 1 対応

自然数と有理数は「数が等しい」ことが証明できる．それにはまず，分数 p/q を 2 次元平面の (p, q) という点と考える．そして，たとえば，図 7.3 のようにたどって各点に番号をつける．これで，自然数と有理数との間に 1 対 1 対応がつけられる．

さて，無理数と有理数は「数が等しい」と仮定しよう．そうすると，無理数と有理数との間に何らかの 1 対 1 対応があることになる．有理数と自然数の間には 1 対 1 対応があるから，無理数と自然数の間にも 1 対 1 対応が存在する．すなわち，図 7.4 のように，無理数を 1 番から順に並べて並べつくすことができる．

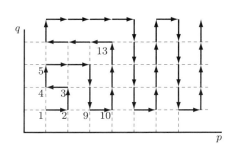

図 **7.3** 自然数と有理数との 1 対 1 対応関係

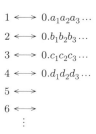

図 **7.4**

7.1.2 ● カントールの対角線論法

以下の小数を考える（図 7.5）．

　　小数第 1 位は，a_1 と異なる数
　　小数第 2 位は，b_2 と異なる数

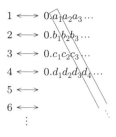

図 7.5

小数第 3 位は，c_3 と異なる数
小数第 4 位は，d_4 と異なる数
⋮

ここで，$0.\alpha_1\alpha_2\alpha_3\ldots$，$\alpha_1 \neq a_1$，$\alpha_2 \neq b_2$，$\alpha_3 \neq c_3$，… という数を考えてみると，この小数は先ほどの対応表（図 7.4）のどこにも表れない．表の上から n 番目の小数の第 n 位は α_n とは異なるからである．これは，0 と 1 の間の無理数はすべて順に並べられるということに矛盾する．すなわち，有理数と無理数との間には 1 対 1 対応はつかない．

7.2　チューリングマシンの停止問題

さて，チューリングマシン（TM）とは補助記憶として無限長のテープをもつ状態機械のことであった．見方を変えれば，チューリングマシンとは，テープ上に与えられた入力に対して，テープ上の記号を書き換えながら動作して，結果としてテープ上に出力を残すと考えることができる．すなわち，チューリングマシン M は，入力 w に対して出力 $f_M(w)$ を計算する状態機械とみなすことができる（図 7.6）．

図 7.6　関数 f_M を計算するチューリングマシン M

以下では，答えはあるのに「計算で答えを求めることができない」問題について述べる．それは情報科学の分野でもっとも有名な話題であり，チューリングマシンの停止問題とよばれる．その証明においては，すべてのチューリングマシンを考えたとき，どのチューリングマシンにも自然数で番号を付けることができ，一つの番号には一つのチューリングマシンしか割り当てられないように，チューリングマシンに番号付けできる，というところが肝要である．

●ゲーデルナンバリング

まず，**ゲーデルナンバリング**から始めよう．これは，TM を符号化することにあたる．すなわち，すべてのチューリングマシンは，おのおの一つの異なる"自然数"に符号づけできる（図7.7）．なお，「チューリングマシン」になかなかなじめない読者は，一つひとつのチューリングマシンは，たとえばプログラミング言語 C で書かれた一つのプログラムだと思っていただいて差し支えない．すべてのプログラムに対し，たとえばプログラムの長さが短い順に番号をつけることに TM のゲーデルナンバリングは相当する．これを了承したら，ゲーデルナンバリングは飛ばしてかまわない．

さて，この符号化の基本的考え方では，1を区切り記号として用い，0を1進数の"数"として用いる．すなわち，任意の自然数を1種類の記号0で表す（図7.8）．

図 7.7 TM をそれぞれ"自然数"で符号化　　図 7.8 数の1進数表示

TM の構成要素の一つである状態の符号化についてまず考えよう．状態の名前は重要ではなく，状態の数だけが重要であり，図7.9のように状態の数を1進数，すなわち0を状態数だけ並べる．ただし，区切り記号として両端に1を置く．

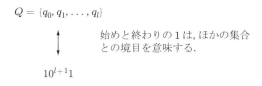

図 7.9 状態の数を1進数で表現

つぎに，アルファベットの符号化を行おう．この場合も記号の数だけが重要であるから，図7.10のように符号化できる．

受理状態の符号化は，状態の添え字の集合に注目すれば，図7.11のように，何番目の受理状態かに応じてそれに相当する数だけ0を並べ，区切り記号として1を二つ続け，受理状態分だけ同様に0と1が並ぶ．

つぎに初期状態と空白記号の符号化であるが，初期状態は，常に $q_0 \in Q$ であるとすれば符号化の必要がない．また，空白記号も，常に $B = a_n \in \Gamma$ であるとすれば，符

入力アルファベット

$$\Sigma = \{a_1, a_2, \ldots, a_m\} \quad \longleftrightarrow \quad 10^m1$$

テープアルファベット

$$\Gamma = \{\underline{a_1, a_2, \ldots, a_m}, a_{m+1}, \ldots, a_n\} \quad \longleftrightarrow \quad 10^n1$$

↑
入力アルファベット

図 **7.10**　アルファベットの符号化

受理状態集合　$F = \{q_{i_1}, q_{i_2}, \ldots, q_{i_k}\}$

$$\updownarrow$$

$$110^{i_1}110^{i_2}11 \cdots 110^{i_k}11$$

図 **7.11**　受理状態の符号化

号化の必要がない．

続いて，状態遷移関数の符号化を考えよう．まず，ヘッドの移動方向をつぎのように符号化する

$$R = 0, \quad L = 00$$

これにより，一つの状態遷移関数を図 7.12 のように符号化する．すなわち，δ の 2 引数の各値の組ごとに順に番号を振り，その番号を $1, \ldots, h$ とする．δ はこの h 個の集まりと考えることができるので，図 7.13 のように δ を符号化できる．ただし，c_i は図 7.12 のように各 $\delta(q, a)$ を符号化したものとする．

ここまでをまとめると，TM M は図 7.14 のように符号化できる．以上のように各チューリングマシンは，0 と 1 の記号列で表現され，それを 2 進数として読めば，一

$$\delta(q_{j_1}, a_{j_2}) = (q_{j_3}, a_{j_4}, 0^{j_5})$$

$$\updownarrow$$

$$c_i = 0^{j_1}10^{j_2}10^{j_3}10^{j_4}10^{j_5}$$

図 **7.12**　一つの状態遷移関数の符号化

$$\delta(q_{j_1}, a_{j_2}) = (q_{j_3}, a_{j_4}, 0^{j_5})$$

$$\updownarrow$$

$$c_i = c^{j_1}10 \cdots 10^{j_3}$$

$$\delta = \{\delta_1, \ldots, \delta_h\}$$

$$\updownarrow$$

$$11c_111c_211 \cdots 11c_h11$$

図 **7.13**　状態遷移関数の集合の符号化

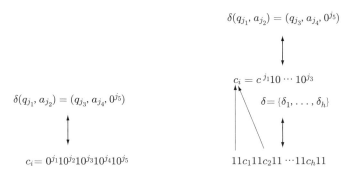

つの自然数に符号化できることになる．逆に，異なる二つの TM のこのような符号は明らかに異なる．よって，この符号が小さい TM から順に並べれば，TM に 1 から順に番号がつけられる．

同様の考え方により，入力記号列も図 7.15 のように自然数で符号化でき，順に並べることができる．

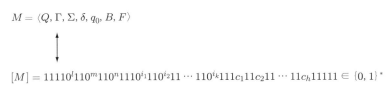

図 **7.14** TM の符号化

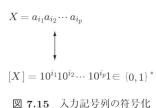

図 **7.15** 入力記号列の符号化

● **決定問題**

決定問題とは，答えが Yes または No のいずれかである問題のことである．

問題 Q として，以下の問題を考えてみる．

Q：n 変数の多項方程式 $f(x_1, \ldots, x_n) = 0$ を与えたとき，その方程式が整数解をもつか否かを答えよ．

この問題 Q は決定問題である．

決定問題 P の具体的な個々の問題を，P のインスタンスという．問題 Q のインスタンスの一つとして，たとえば「$x^4 + 3xy + y^2 = 0$ が整数解をもつか否かを答えよ」というものが挙げられる．

● **決定可能性と決定不能性**

決定問題 P が **決定可能** であるとは，あるチューリングマシン M が存在して，P の任意のインスタンス w に対して，M は，w を入力として与えられたとき，w の答えを出力して停止するときである．

決定問題 P が **決定不能** であるとは，問題 P が決定可能でないときである．

いよいよチューリングマシンの停止問題を述べよう．それは，

「任意のチューリングマシン M に対して，M の定義と入力 w が与えられたとき，M に w を与えたときに M が停止するなら Yes を，停止しないなら No と答えよ」

という決定問題である．これに対しては，つぎの定理が示されている．

> **定理**
> チューリングマシンの停止問題は決定不能である．

[証明] 背理法による．まず，入力記号を順に横に，TM を縦に並べる（表 7.1）．上でみてきたように，両方とも番号を振るように符号化できたので，順に並べられる．この表において，チューリングマシン M_i が入力 x_j に対して，

　停止するならば $a_{ij} = 1$
　停止しないならば $a_{ij} = 0$

となるように表を埋める（表 7.2）．

表 7.1 入力記号を横に，TM を縦に並べた表

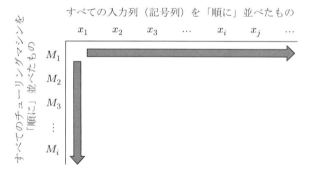

表 7.2 各入力に対してそれぞれの TM が停止するかどうか示す a_{ij} を埋めた表

すべての入力列（記号列）を「順に」並べたもの

	x_1	x_2	x_3	$\cdots$	x_i	x_j	$\cdots$
M_1	a_{11}	a_{12}	a_{13}	$\cdots$	a_{1i}	a_{1j}	$\cdots$
M_2	a_{21}	a_{22}	a_{23}	$\cdots$	a_{2i}	a_{2j}	$\cdots$
M_3	a_{31}	a_{32}	a_{33}	$\cdots$	a_{3i}	a_{3j}	$\cdots$
$\vdots$	$\vdots$	$\vdots$	$\vdots$		$\vdots$	$\vdots$	
M_i	a_{i1}	a_{i2}	a_{i3}	$\cdots$	a_{ii}	a_{ij}	$\cdots$

いま,「チューリングマシンの停止問題」を解くチューリングマシン M_b が存在すると仮定する. M_b を用いると,つぎのようなチューリングマシン M_d をつくることができる.

「任意の入力 x_i に対して $\underline{M_d}$ が停止するのは,表中のチューリングマシン $\underline{M_i}$ が x_i に対して停止しないとき,かつそのときに限る.」

すなわち,仮定により M_b は,M_i が x_i に対して停止するか否かを判断することができるので,M_d は M_b を使って,M_i が停止すると判断したとき無限ループに入り,停止しないと判断したときには止まればよい.すると,任意の x_i に対して M_d が停止するのは,$a_{ii} = 0$ のときのみである(表7.3).プログラム風の記述を許していただくと,M_d は以下のようになる.

```
Md(M,x){
  if(Mb(M,x)==1)
    while(true);
  else
    exit();
}
```

つまり,引数として与えられたチューリングマシン M と入力 x に対し,M_d は,M_b を呼び出して,M が x を入力としたとき止まるか止まらないかを判断させ,それが1を返してくれば無限ループし,0を返してくれば終了する.

表 7.3 任意の x_i に対して M_d が停止するのは,$a_{ii} = 0$ のときのみであることを示した表

すべての入力列(記号列)を「順に」並べたもの

	x_1	x_2	x_3	$\cdots$	x_i	x_j	$\cdots$
M_1	ⓐ₁₁	a_{12}	a_{13}	$\cdots$	a_{1i}	a_{1j}	$\cdots$
M_2	a_{21}	ⓐ₂₂	a_{23}	$\cdots$	a_{2i}	a_{2j}	$\cdots$
M_3	a_{31}	a_{32}	ⓐ₃₃	$\cdots$	a_{3i}	a_{3j}	$\cdots$
$\vdots$	$\vdots$	$\vdots$	$\vdots$		$\vdots$	$\vdots$	
M_i	a_{i1}	a_{i2}	a_{i3}	$\cdots$	ⓐᵢᵢ	a_{ij}	$\cdots$

(左側ラベル:すべてのチューリングマシンを「順に」並べたもの)

さて,M_d は一つのチューリングマシンなので,表中のどこかに出現するはずである.ところが,M_d はどの M_i でもありえない.なぜなら,M_i が x_i に対して停止しないとき M_d は停止し,M_i が x_i に対して停止するときには M_d は停止しないからである! これは矛盾である.

よって,「チューリングマシンの停止問題」を解くチューリングマシン M_b が存在するという仮定がおかしい.(証明終)

さて，最後に計算可能性の研究に続いておおいに発展した，時間計算量に少し触れて本書を終えよう．

入力 w に対する TM M の **計算時間** とは，M が w を受理しようがしまいが，M が停止するまでのステップ数（停止しないときは無限大）として定義される．TM M は，長さ n の任意の語に対する計算時間がたかだか $T(n)$ であるとき，M の **時間計算量**（time complexity）は $T(n)$ であるという．

● 多項式時間で解ける問題

問題 P に対し，それを解くチューリングマシン M が存在し，かつ多項式 $Q(x)$ が存在し，長さ n の任意の入力に対してたかだか $Q(n)$ ステップで M が停止するとき，P は多項式時間で解けるという．

● クラス $\mathcal{P}$

決定性 TM で多項式時間で解ける問題のクラスを $\mathcal{P}$（polinomial）と書く．

言語 L が $\mathcal{P}$ に属するとは，L を受理する決定性 TM M と多項式 $Q(x)$ が存在して，M は，長さ n の任意の入力に対してたかだか $Q(n)$ ステップで停止することをいう．問題 P は $\mathcal{P}$ に属するとき，**実行可能** であるという．そうでないとき，**実行不能** という．

● クラス $\mathcal{NP}$

非決定性 TM で多項式時間で解ける問題のクラスを $\mathcal{NP}$（nondeterministic polynomial）と書く．

言語 L が $\mathcal{NP}$ に属するとは，L を受理する非決定性 TM M と多項式 $T(n)$ が存在して，M は，長さ n の任意の入力に対して動作系列の長さが $T(n)$ を超えないことをいう．クラス $\mathcal{NP}$ は明らかにクラス $\mathcal{P}$ を含むが，$\mathcal{P}$ に含まれない $\mathcal{NP}$ の要素が存在するか否か，すなわち「$\mathcal{P} \neq \mathcal{NP}$ か否か」は未解決である．

付　記

● ユニバーサル（万能）チューリングマシン

$I(M,w)$ を，チューリングマシン M の定義と入力 w を 0, 1 で符号化したものとする（図 7.16）．**万能チューリングマシン**（Universal Turning Machine: UM）は，任意のチューリングマシンをシミュレートするチューリングマシンのことである．すなわち，UM は任意のチューリングマシン M の定義とそれへの入力 w の符号化 $I(M,w)$ をテープ上に入力としてもらい，M の w に対する動作をシミュレートする．

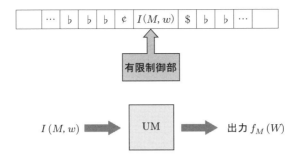

図 7.16 ユニバーサルチューリングマシン

● 万能チューリングマシンの構成

図 7.17 のような構成の 5 テープ UM はどんなチューリングマシン M の動作でもシミュレートする．この万能チューリングマシンの動作は，以下のとおりである．

1. 5 テープ UM は，「M の状態」テープの内容をスキャンし，M の現在の状態が受理状態か否かを判定する．
2. 状態テープの内容をワークテープにコピーし，M のヘッド位置の記号を 1 に続けてコピーする．
3. ワークテープの内容と一致する状態遷移関数を第 3 テープから検索する．
   (a) 見つからない場合は非受理とする．
   (b) 見つかった場合には，第 3 テープに書かれている状態遷移関数に従って，第 2 テープと第 4 テープ内容を更新する．
4. 1 へもどる．

図 7.17 ユニバーサルチューリングマシンの構成図

参考文献

[1] J. E. Hopcroft and J. D. Ullman（原著），野崎昭弘・木村 泉（訳），「言語理論とオートマトン」，サイエンス社 (1971).

[2] A. Salomma, *Formal Languages*, Academic Press (1973).

[3] M. A. Harrison, *Introduction to Formal Language Theory*, Addison-Wesley (1978).

[4] J. E. Hopcroft and J. D. Ullman, *Introduction to Automata Theory, Languages, and Computation*, Addison-Wesley (1979).

[5] 福村晃夫・稲垣康善，「オートマトン・形式言語理論と計算論」，岩波書店 (1982).

[6] J. E. Hopcroft, R. Motwani and J. D. Ullman（原著），野崎昭弘 他（訳），「オートマトン 言語理論 計算論 I・II［第2版］」，サイエンス社 (2003).

[7] M. Sipser（原著），太田和夫・田中圭介（監訳），「計算理論の基礎［原著第2版］1・2」，共立出版 (2008).

[8] 富田悦次・横森 貴，「オートマトン・言語理論［第2版］」，森北出版 (2013).

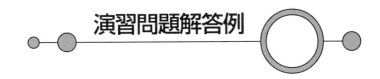

演習問題解答例

● **Exercise 1.1** 連接
(1) $u = aaa$, $v = bbb$ のとき，u と v の連接を示せ．
　［解答例］　$aaabbb$
(2) $u = abab$, $v = \varepsilon$ のとき，u と v の連接を示せ．
　［解答例］　$abab$
(3) $u = a$, $v = abab$ のとき，$u \cdot v$ を示せ．
　［解答例］　$aabab$
(4) $u = 0$, $v = 11$ のとき，$u \cdot v \cdot v \cdot u$ を示せ．
　［解答例］　011110

● **Exercise 1.2** 集合
(1) 集合 $\{q_0, q_1\}$ と集合 $\{p_0, p_1\}$ の直積集合を求めよ．
　［解答例］　$\{(q_0, p_0), (q_0, p_1), (q_1, p_0), (q_1, p_1)\}$
(2) 集合 $\{q_0, q_1, q_2\}$ と集合 $\{p_0, p_1, p_2\}$ の直積集合を求めよ．
　［解答例］　$\{(q_0, p_0), (q_0, p_1), (q_0, p_2), (q_1, p_0), (q_1, p_1), (q_1, p_2),$
　$(q_2, p_0), (q_2, p_1), (q_2, p_2)\}$
(3) 集合 $\{0, 1\}$ に対して，$2^{\{0, 1\}}$ を求めよ．
　［解答例］　$\{\phi, \{0\}, \{1\}, \{0, 1\}\}$
(4) 集合 $\{q_0, q_1, q_2\}$ に対して，そのべき集合を求めよ．
　［解答例］　$\{\phi, \{q_0\}, \{q_1\}, \{q_2\}, \{q_0, q_1\}, \{q_0, q_2\}, \{q_1, q_2\}, \{q_0, q_1, q_2\}\}$

● **Exercise 1.3** 言語
(1) アルファベット $\Sigma = \{a, b, c\}$ とする．
　(i) Σ 上の記号を列記せよ．
　　［解答例］　a, b, c
　(ii) Σ 上の語を 5 個挙げよ．
　　［解答例］　a, b, c, aa, ab
　(iii) $|aabbcc|$ を求めよ．
　　［解答例］　6
(2) アルファベット $\Sigma = \{0\}$ とする．Σ^* を求めよ．
　［解答例］　$\{\varepsilon, 0, 00, 000, 0000, 00000, \dots\}$
(3) アルファベット $\Sigma = \{0, 1\}$ とする．
　(i) Σ^* を求めよ．

［解答例］ $\{\varepsilon, 0, 1, 00, 01, 10, 11, 000, 001, 010, 011, 100, 101, 110,$
111, 0000, 0001, 0010, 0011, 0100, 0101, 0110, 0111, 1000, 1001, 1010,
1011, 1100, 1101, 1110, 1111, 00000, \dots\}$

(ii) 長さ 3 の語だけを含み，かつ長さ 3 の言語をすべて含む Σ 上の言語を書け．

［解答例］ $\{000, 001, 010, 011, 100, 101, 110, 111\}$

●Exercise 2.1　DFA1

図 2.12 (a)，(b) の状態遷移図をもつ状態機械は，DFA としてどこかまずいところがあるか．

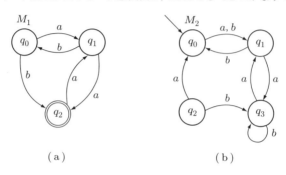

図 2.12　（再掲）

［解答例］（a）初期状態がない．q_2 から入力記号 b に対しての矢印がない．
（b）まずいところはどこにもない（最終状態はなくてもよい）．

●Exercise 2.2　DFA2

図 2.13 の状態遷移図をもつ有限状態オートマトンを形式的に書き下せ．ただし，$\Sigma = \{a, b\}$ とする．

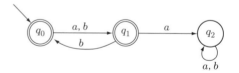

図 2.13　（再掲）

［解答例］ $M = \langle Q, \Sigma, \delta, q_0, F \rangle$
$Q = \{q_0, q_1, q_2\}$
$\Sigma = \{a, b\}$
$\delta(q_0, a) = q_1,\ \delta(q_0, b) = q_1,\ \delta(q_1, a) = q_2$
$\delta(q_1, b) = q_0,\ \delta(q_2, a) = q_2,\ \delta(q_2, b) = q_2$
$F = \{q_0, q_1\}$

●Exercise 2.3　DFA3

つぎの DFA の状態遷移図を表せ．
$M = \langle Q, \Sigma, \delta, q_0, F \rangle$

$Q = \{p, q\}$
$\Sigma = \{0, 1\}$
$\delta(p, 0) = q,\ \delta(p, 1) = p,\ \delta(q, 0) = p,\ \delta(q, 1) = q$
$q_0 = p$
$F = \{q\}$

［解答例］ 解図 2.1 のとおり．

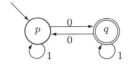

解図 **2.1**

●Exercise 2.4　DFA4

Exercise2.2 の図 2.13 の状態遷移図で表現された有限状態オートマトン M に $abbaa$ を入力したときの時点表示の推移を書け．

［解答例］$(q_0, abbaa) \vdash_M (q_1, bbaa) \vdash_M (q_0, baa) \vdash_M (q_1, aa) \vdash_M (q_2, a) \vdash_M (q_2, \varepsilon)$

●Exercise 2.5　DFA5

図 2.13 の有限状態オートマトンは

（1）aaa を受理するか．
　　［解答例］しない．
（2）$abbbbbbbbbbbbbbbbbbbbb$ を受理するか．
　　［解答例］する．
（3）$abbaaaaaaaaaaaaaaaaaaaaaa$ はこのオートマトンの受理言語に属するか．
　　［解答例］属さない．

●Exercise 2.6　NFA1

図 2.27 の非決定性有限状態オートマトンは，以下のそれぞれの語を受理するか．
01, 11, 011, 001, 00001, 10, 101, 111000000, 111111111100

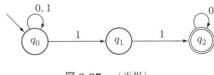

図 **2.27**　（再掲）

［解答例］01：しない．11：する．011 する．001：しない．00001：しない．
　　　　　10：しない．101：しない．111000000：する．111111111100：する．

●Exercise 2.7　NFA2

図 2.33 の非決定性有限状態オートマトンと等価な決定性有限状態オートマトンをつくれ．

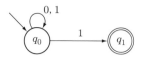

図 2.33　（再掲）

[解答例] $M = \langle Q, \Sigma, \delta, \{q_0\}, F \rangle$
　　　　$Q = \{\phi, \{q_0\}, \{q_1\}, \{q_0, q_1\}\}$
　　　　$\Sigma = \{0, 1\}$
　　　　δ は解表 2.1 のとおり
　　　　$F = \{\{q_1\}, \{q_0, q_1\}\}$
なお，状態遷移図は解図 2.2 のとおり．

解表 2.1

入力記号 状態	0	1
ϕ	ϕ	ϕ
$\{q_0\}$	$\{q_0\}$	$\{q_0, q_1\}$
$\{q_1\}$	ϕ	ϕ
$\{q_0, q_1\}$	$\{q_0\}$	$\{q_0, q_1\}$

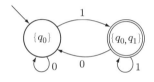

解図 2.2

●Exercise 2.8　ε-NFA

(1) つぎの言語を受理する決定性有限状態オートマトンを状態遷移図で表せ．ただし，すべて $\Sigma = \{0, 1\}$ とする．

　(i) 最後が 00 で終わる語からなる言語
　　　[解答例] 解図 2.3．

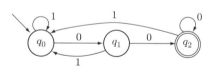

解図 2.3

　(ii) 0 の個数が 3 の倍数である語からなる言語
　　　[解答例] 解図 2.4．

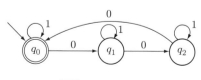

解図 2.4

(2) 問 (1) の (i) の言語と (ii) の言語との和集合からなる言語を，空動作のある非決定性有限状態オートマトンで書け．

［解答例］解図2.5．(i)と(ii)の和集合なので，それぞれの遷移図をε動作で一つにつなぐ．

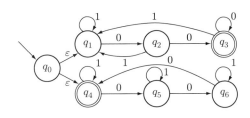

解図 2.5

● **Exercise 2.9　正規表現**

つぎの正規表現は何を表すか．$\Sigma = \{a, b\}$ とする．

(1) $a(a+b)^*aa$

　　［解答例］$\{a(a\text{ または }b\text{ が }0\text{ 個以上続いたもの})aa\}$

(2) $a((a+b)^2)^*$

　　［解答例］$\{a(aa\text{ または }ab, ba, bb\text{ が }0\text{ 個以上続いたもの})\}$

また，$\Sigma = \{0, 1\}$ 上のつぎの言語を表す正規表現を与えよ．

(3) 最後が1で終わる，長さが4の倍数の語からなる言語

　　［解答例］$((0+1)^4)^*(0+1)^3 1$

(4) 1111を含む語からなる言語

　　［解答例］$(0+1)^* 1111 (0+1)^*$

(5) 111か000を含む語からなる言語

　　［解答例］$(0+1)^*(111+000)(0+1)^*$

● **Exercise 2.10　状態数最小の決定性有限状態オートマトン**

図2.52の状態遷移図で表現される有限状態オートマトンと等価な状態数最小の有限状態オートマトンを構成せよ．

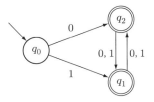

図 2.52　（再掲）

［解答例］オートマトン $M = \langle Q, \Sigma, \delta, q_0, F \rangle$ の最小化

　　　状態の集合 $Q = \{q_0, q_1, q_2\}$
　　　入力アルファベット $\Sigma = \{0, 1\}$
　　　初期状態 q_0
　　　最終状態 $F = \{q_1, q_2\}$
　　　状態遷移関数 δ は解表2.2のとおり．

解表 2.2

入力記号 状態	0	1
q_0	q_2	q_1
q_1	q_2	q_2
q_2	q_1	q_1

Minimum DFA に従い，状態集合 Q を分割する．

手順1 Q を F と非 F とに分割する．
$Q = \{q_0, q_1, q_2\} \Rightarrow Q_1 = \{\{q_0\}, \{q_1, q_2\}\}$
手順1終了．

手順2（2） これ以上細分化できないので終了する．
状態遷移図は解図 2.6 のとおり．

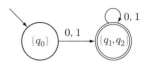

解図 2.6

● **Exercise 2.11 同値関係 1**

ある有限状態オートマトンの状態が，$Q = \{q_0, q_1, q_2, q_3, q_4\}$ の五つからなるとする．また，その受理状態は $F = \{q_0, q_2, q_4\}$ とする．このとき，Q 上の関係 R_F を，対の各要素が両方とも F の要素か，あるいは両方とも $Q - F$ の要素であり，かつそうであるものはすべて含んでいる，と定義する．要素を明示して R_F を書き下せ．

[解答例] $Q - F = \{q_1, q_3\}$．よって R_F は，

$$R_F = \{(q_0, q_0), (q_0, q_2), (q_0, q_4), (q_2, q_4), (q_2, q_2)$$
$$(q_4, q_4), (q_2, q_0), (q_4, q_0), (q_4, q_2), (q_1, q_1),$$
$$(q_1, q_3), (q_3, q_3), (q_3, q_1)\}$$

● **Exercise 2.12 同値関係 2**

Exercise 2.11 の関係 R_F は Q 上の同値関係であることを証明せよ．

[解答例] 関係 R_F は，その要素である対が両方とも F か $Q - F$ であり，かつそのような対はすべて含んでいるので反射的・対称的・推移的である．

● **Exercise 2.13 同値関係 3**

自然数全体を集合 $\mathbb{N}$ とする．$x, y \in \mathbb{N}$ とし，関係 R を「$x - y$ が 4 の倍数である」と定義する．$\mathbb{N}$ を関係 R により分割せよ．

[解答例] $\mathbb{N} = S_0 \cup S_1 \cup S_2 \cup S_3$

$S_0 = \{4r \mid r = 0, 1, 2, ...\}$
$S_1 = \{4r + 1 \mid r = 0, 1, 2, ...\}$
$S_2 = \{4r + 2 \mid r = 0, 1, 2, ...\}$
$S_3 = \{4r + 3 \mid r = 0, 1, 2, ...\}$

● **Exercise 2.14 同値関係 4**

Exercise 2.11 の同値関係 R_F により，以下の Q を同値類に分けよ．

$$Q = \{q_0, q_1, q_2, q_3, q_4\}$$

［解答例］$Q = \{q_0, q_2, q_4\} \cup \{q_1, q_3\}$

● **Exercise 2.15　ポンプの補題**

$L = \{0^i 1^i \mid i = 0, 1, \ldots\}$ は，どのような有限状態オートマトンでも受理できないことを示せ．

［解答例］（背理法）そのような有限状態オートマトン A が存在したとする．ポンプの補題より，ある n が存在し，z が L の語であれば，適当な語 u, v, w を選んで，つぎの式を満たすようにすることができる．

$$z = uvw, \quad |uv| \leq n, \quad |v| \geq 1, \quad uv^i w \in L \quad (i \geq 0)$$

z として，0 と 1 の両方の個数が n 個の列 $00\cdots011\cdots1$ を取ると，$|uv| \leq n$ だから uv は 0 だけからなる．ところが，$i = 0$ とした uw も L に属するはずである．また，uw は，先の列の n 個の 1 をすべて含む．一方，uw は n より少ない 0 しかない（解図 2.7）．矛盾．

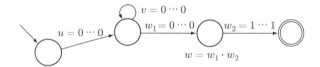

解図 2.7

● **Exercise 2.16　有限状態オートマトン？**

アルファベット $\Sigma = \{0, 1\}$ に対し，0 と 1 が同数のすべての記号列からなる言語を受理するオートマトンを構成せよ．

［解答例］そのようなオートマトンは存在しない．

（背理法）そのようなオートマトン A が存在したと仮定して，A の状態数を n とすれば，$000\cdots0111\cdots1$（0 が m 個，1 が m 個，$m > n$）を A は受理する．A の状態数は n なので，$000\cdots0$ を入力途中で，2 度通る状態が存在する（解図 2.8）．一度通って 2 度目に通るまでの $000\cdots0$ をはじめの入力から取り除いた $0\cdots01\cdots1$（0 と 1 の数が異なる）も A は受理することになり，前提に矛盾．

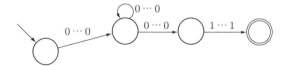

解図 2.8

●Exercise 3.1 文法 1

つぎの文法 G での $w = aaaaaaaaa$ の導出を示せ.

$$G = \langle N, \Sigma, P, S_0 \rangle$$
$$N = \{S_0, S_1\}$$
$$\Sigma = \{a\}$$
$$P = \{S_0 \to aaaS_1, \ S_1 \to aaaS_1, \ S_1 \to \varepsilon\}$$

［解答例］$S_0 \Rightarrow aaaS_1 \Rightarrow aaaaaaS_1 \Rightarrow aaaaaaaaaS_1 \Rightarrow aaaaaaaaa$

●Exercise 3.2 文法 2

つぎの文法が生成する言語は何か.

$$G = \langle N, \Sigma, P, S_0 \rangle$$
$$N = \{S_0, S_1\}$$
$$\Sigma = \{a\}$$
$$P = \{S_0 \to aaaS_1, \ S_1 \to aaaS_1, \ S_1 \to \varepsilon\}$$

［解答例］$L(G) = \{a^{3i} \mid i = 1, 2, 3, \ldots\}$

●Exercise 3.3 文法 3

言語 $L = \{a^{2i} \mid i = 1, 2, 3, \ldots\}$ を生成する文法を構成せよ.

［解答例］Exercise 3.2 を参考にするとよい.

$$G = \langle N, \Sigma, P, S_0 \rangle$$
$$N = \{S_0, S_1\}$$
$$\Sigma = \{a\}$$
$$P = \{S_0 \to aaS_1, \ S_1 \to aaS_1, \ S_1 \to \varepsilon\}$$

●Exercise 3.4 RG1

図 3.9 の有限状態オートマトン M に対し，$L(M) = L(G)$ となる正規文法をつくれ．

［解答例］$G = \langle N, \Sigma, P, q_0 \rangle$

$$\Sigma = \{0, 1\}$$
$$N = \{q_0, q_1, q_2, q_3\}$$
$$P = \{q_0 \to 0q_2, \ q_0 \to 1q_1,$$
$$q_1 \to 0q_3, \ q_1 \to 1q_0,$$
$$q_2 \to 0q_0, \ q_2 \to 1q_3,$$
$$q_3 \to 0q_1, \ q_3 \to 1q_2,$$
$$q_2 \to 1, \ q_1 \to 0\}$$

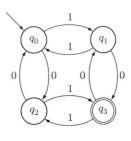

図 3.9 （再掲）

●Exercise 3.5 RG2

(1) つぎの正規文法 G はどんな言語を生成するか.

$$G = \langle N, \Sigma, P, S_0 \rangle$$
$$\Sigma = \{0, 1\}$$
$$N = \{S_0, A\}$$
$$P = \{S_0 \to 0S_0, \ S_0 \to 1A, \ A \to 1A, \ A \to 1\}$$

［解答例］ $\{0^i 111^j \mid i, j = 0, 1, 2, \ldots\}$

（2） $L(G) = L(M)$ となる NFA M をつくれ．

［解答例］
$$M = \langle Q, \Sigma, \delta, S_0, F \rangle$$
$$Q = N \cup \{q_f\} = \{S_0, A, q_f\}$$
$$F = \{q_f\}$$
$$\delta(S_0, 0) = \{S_0\}, \ \delta(S_0, 1) = \{A\}$$
$$\delta(A, 0) = \phi, \ \delta(A, 1) = \{A, q_f\}$$
$$\delta(q_f, 0) = \phi, \ \delta(q_f, 1) = \phi$$

● **Exercise 3.6　RG3**

［解答例］本文を参照のこと．

● **Exercise 4.1　DPDA1**

（1）図 4.8 の DPDA は $aabba$ を受理するか．
　［解答例］しない．

（2）図の DPDA は $aaaabbbb$ を受理するか．
　［解答例］する．

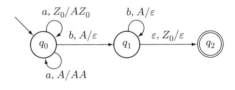

図 4.8　（再掲）

（3）図の DPDA はどんな言語を受理するか．
　［解答例］$\{a^i b^i \mid i = 1, 2, \ldots\}$

● **Exercise 4.2　DPDA2**

（1）いかなる有限状態オートマトンでも受理できない言語の例を一つあげよ．$\Sigma = \{a, b\}$ とする．
　［解答例］$\{a^i b^i \mid i = 1, 2, \ldots\}$ や $\{ba^i ba^i \mid i = 1, 2, \ldots\}$ など．

（2）いかなる有限状態オートマトンでも受理できず，かつ，あるプッシュダウンオートマトンで受理できる言語を一つあげよ．$\Sigma = \{a, b\}$ とする．
　［解答例］$\{a^i b^i \mid i = 1, 2, \ldots\}$

● **Exercise 4.3　NPDA**

図 4.9 の非決定性 PDA が受理する言語を求めよ．

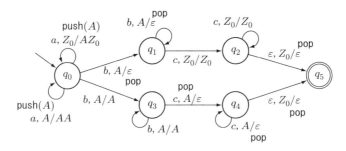

図 4.9 （再掲）

［解答例］ 図の上側のパスを通れば a と b の数が等しい記号列が受理され，下側のパスを通れば a と c の数が等しい記号列が受理される．
$L(M) = \{a^i b^j c^k \mid i, j, k = 1, 2, \ldots, \ i = j \text{ または } i = k\}$

● **Exercise 4.4　CFG1**

(1) 以下の文法 $G1$ を改良して，規則の右辺の S をなくせ．

$G1 = \langle N, \Sigma, P, S \rangle$

$N = \{S\}$

$\Sigma = \{a, b, c\}$

$P = \{S \to aSa, \ S \to bSb, \ S \to c\}$

［解答例］　$G1' = \langle N, \Sigma, P, S \rangle$

$N = \{S, A\}$

$\Sigma = \{a, b, c\}$

$P = \{S \to A, \ A \to aAa, \ A \to bAb, \ A \to c\}$

(2) 文法 $G1$ を参考にして，言語 $\{ww^R \mid w \in \{0, 1\}^+\}$ を生成する文法を与えよ．ただし，w^R は w の鏡像である．

［解答例］　$G = \langle N, \Sigma, P, S \rangle$

$N = \{S\}$

$\Sigma = \{0, 1\}$

$P = \{S \to 0S0, \ S \to 1S1, \ S \to 00, \ S \to 11\}$

(3) 以下の文法 $G2$ を参考にして，言語 $\{0^i 1^{2i} \mid i = 1, 2, 3, \ldots\}$ を生成する文法を与えよ．

$G2 = \langle N, \Sigma, P, S \rangle$

$N = \{S\}$

$\Sigma = \{0, 1\}$

$P = \{S \to 0S1, \ S \to 01\}$

［解答例］　$G3 = \langle N, \Sigma, P, S \rangle$

$N = \{S\}$

$\Sigma = \{0, 1\}$

$P = \{S \to 0S11, \ S \to 011\}$

●Exercise 4.5 CFG2

(1) 括弧言語（ディック言語）の要素はどんな形をしているか．

　　［解答例］<<< [] > [] >> [[]] など，開く記号に対応した閉じる記号が必ずある．

(2) 括弧言語（ディック言語）はあいまいか．

　　［解答例］あいまいである．解図 4.1 を参照．

(3) $G4$ はあいまいか．

$$G4 = \langle N, \Sigma, P, S \rangle$$
$$N = \{S\}$$
$$\Sigma = \{1, +, *\}$$
$$P = \{S \to 1,\ S \to S+S,\ S \to S*S\}$$

　　［解答例］あいまいである．解図 4.2 を参照．

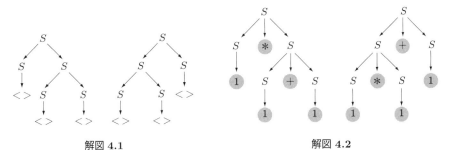

解図 4.1　　　　　　　　　　解図 4.2

●Exercise 5.1 TM

$\Gamma = \{a, b, a', b', a'', B, \$, \cent\}$, $\Sigma = \{a, b\}$ とする．例題 5.1 の図 5.9 のチューリングマシンが受理する言語は何か．

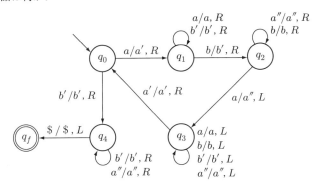

図 5.9　（再掲）

［解答例］$\{a^i b^i a^i \mid i = 1, 2, \ldots\}$

●Exercise 5.2 NTM

$\Gamma = \{a, b, a', b', a'', b'', B, \$, \cent\}$, $\Sigma = \{a, b\}$ とする．例題 5.2 の図 5.14 のチューリングマ

シンが受理する言語は何か．

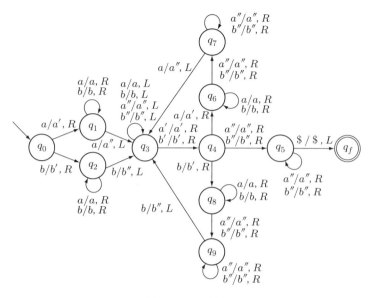

図 5.14　（再掲）

［解答例］$\{ww \mid w \in \{a, b\}^+\}$

たとえば，$abab$ や $aabaab$ などで試してみると納得されよう．

●Exercise 5.3　LBA

言語 $\{a^i b^i c^i \mid i = 1, 2, \ldots\}$ を受理する線形拘束オートマトンを構成せよ．

［解答例］$\Gamma = \{a, b, c, a', b', c', B, \$, ¢\}$, $\Sigma = \{a, b, c\}$ とする．

解図 5.1 に状態遷移図を，解図 5.2 に動作のフローチャートを示す．

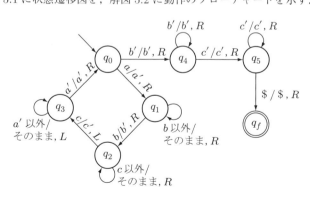

解図 5.1

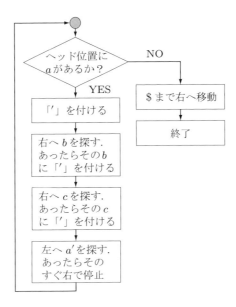

解図 5.2

● **Exercise 6.1 言語の階層構造**

以下の主張は正しいか．

(1) L_1 と L_2 が正規言語であるとき，$L_1 \cdot L_2$, $L_1 \cap L_2$, $L_1 \cup L_2$, $\Sigma^* - L_1$, L_1^* は正規言語である．

  ［解答例］すべて正規言語である．

(2) L_1 と L_2 が文脈自由言語であるとき，$L_1 \cdot L_2$, $L_1 \cup L_2$, L_1^*, $L_1 \cap L_2$ は文脈自由言語である．

  ［解答例］$L_1 \cdot L_2$, $L_1 \cup L_2$, L_1^* は文脈自由言語．一方，$L_1 \cap L_2$, $\Sigma^* - L_1$ は文脈自由言語ではない．

(3) L_1 と L_2 が文脈依存言語であるとき，$L_1 \cdot L_2$, $L_1 \cap L_2$, $L_1 \cup L_2$, L_1^+ も文脈依存言語である．

  ［解答例］これらはすべて文脈依存言語である．

索引

英数

0 型言語　131
0 型文法　131
1 型言語　130
1 型文法　130
1 対 1 対応　138
2 型言語　86
2 型文法　85
3 型言語　69
3 型文法　69
ε-生成規則　89
ε-なし　89
ε-閉包　38
$LL(k)$ 文法　95
$LR(k)$ 文法　97
HTML　117
McNaughton-Yamada の定理　44
Myhill–Nerode の定理　59

あ行

あいまい　98
アルファベット　14
オートマトン　1, 2

か行

開始記号　66
書き換え規則　65
下降型構文解析　95
合併集合　8
関係　52
還元　96
記号　15
キュー　75
共通集合　8
空語　15

空集合　7
空動作のある非決定性有限状態オートマトン　37
句構造言語　131
句構造文法　131
グライバッハ標準形　90
クリーネ閉包　42, 43, 136
計算時間　146
形式言語　6
形式文法　6, 64
決定可能　143
決定性チューリングマシン　126
決定性プッシュダウンオートマトン　77
決定性有限状態オートマトン　19, 20
決定的　27
決定不能　143
決定問題　143
言語　15
語　15
構文解析　95
構文木　94

さ行

最右導出　97
最簡 DFA　47
再帰的　90
最左導出　95
細分化　56
差集合　9
時間計算量　146
死記号　87
指数　55
実行可能　146
実行不能　146
時点表示　23
写像　11

索　引　　163

集合　　7
終端記号　　65
終端様相　　124
受理　　25
受理言語　　4, 80, 83
受理状態　　4, 20, 21, 77, 83
順序対　　9
上昇型構文解析　　96
状態　　20, 21
状態機械　　2
状態集合　　77, 83
状態数最小の決定性有限状態オートマトン　　47
状態遷移関数　　20, 21, 77, 83
状態遷移図　　2, 19
初期記号　　66
初期状態　　20, 21, 77, 83
推移的閉包　　24
スタック　　75
正規言語　　69
生記号　　87
正規表現　　41
正規文法　　69
生成規則　　65
生成される言語　　68
正の閉包　　15, 44
積集合　　8
接頭語　　16
接尾語　　16
線形拘束オートマトン　　128
全射　　12
全単射　　13

た　行

多テープ TM　　129
単位生成規則　　89
単射　　12
値域　　11
チャーチの提唱　　119
中間語　　68
チューリングマシン　　120
チューリングマシンの停止問題　　144
直積集合　　10

チョムスキーの階層　　136
チョムスキー標準形　　89
定義域　　11
動作関数　　20
導出　　67
導出木　　94
到達可能　　88
同値関係　　53
同値類　　54
同値類オートマトン　　48
閉じている　　136

な　行

長さ　　15
入力アルファベット　　20, 21, 77, 83
入力記号　　20, 21, 77, 83

は　行

ハンドル　　96
万能チューリングマシン　　146
非決定性チューリングマシン　　126
非決定性プッシュダウンオートマトン　　82, 83
非決定的　　27
非決定的有限状態オートマトン　　28
非終端記号　　65
左再帰性　　91
左再帰的　　90, 91
標準形定理　　90
プッシュダウンアルファベット　　77, 83
プッシュダウンオートマトン　　76
プッシュダウン記号　　77
部分語　　16
部分集合　　8
文法　　1, 65
文脈依存言語　　130
文脈依存文法　　130
文脈自由言語　　86
文脈自由言語に対するポンプの補題　　111
文脈自由文法　　85
閉包　　15
閉包性　　136
べき集合　　11
ボトムマーカー　　77, 83

ポンプの補題　61, 111

ま行

マークアップ言語　117
交わり　8
右再帰的　90
右不変　58
無効記号　87
結び　8

や行

有限の指数　55

要素　7
様相　23, 83

ら行

ランダムアクセスメモリ　75
連結　16
連接　16, 42

わ行

和集合　8

著者略歴

岡留 剛（おかどめ・たけし）
1988 年　東京大学大学院情報科学研究科博士課程修了
　　　　日本電信電話株式会社入社（NTT 基礎研究所研究員）
2009 年　関西学院大学理工学部人間システム工学科教授
　　　　現在に至る
　　　　理学博士

編集担当　藤原祐介（森北出版）
編集責任　石田昇司（森北出版）
組　　版　藤原印刷
印　　刷　同
製　　本　同

例解図説 オートマトンと形式言語入門　　ⓒ 岡留 剛 2015

2015 年 8 月 26 日　第 1 版第 1 刷発行　　【本書の無断転載を禁ず】
2025 年 2 月 10 日　第 1 版第 5 刷発行

著　　者　岡留 剛
発 行 者　森北博巳
発 行 所　森北出版株式会社
　　　　　東京都千代田区富士見 1-4-11（〒 102-0071）
　　　　　電話 03-3265-8341／FAX 03-3264-8709
　　　　　https://www.morikita.co.jp/
　　　　　日本書籍出版協会・自然科学書協会　会員
　　　　　JCOPY ＜（一社）出版者著作権管理機構 委託出版物＞

落丁・乱丁本はお取替えいたします.

Printed in Japan／ISBN978-4-627-85271-6

MEMO

MEMO